Udo Quak
Trost der Töne

JOHANN WOLFGANG GOETHE

Kreidezeichnung
von Carl Christian Vogel von Vogelstein, 1824
AKG Berlin

Udo Quak

Trost der Töne

Musik und Musiker
im Leben Goethes

Aufbau-Verlag

Mit einem Frontispiz und 9 Abbildungen

ISBN 3-351-02915-2

1. Auflage 2001
© Aufbau-Verlag GmbH, Berlin 2001
Einbandgestaltung PEIX, Andreas Petzold
Typographie Peter Birmele
Druck und Binden Ebner Ulm
Printed in Germany

www.aufbau-verlag.de

Inhalt

Anhang

Hat Goethe Musik gehört?

Ein sonniger Vormittag in Weimar: Durch die stillen Räume des Hauses am Frauenplan schreitet der berühmte Dichter Goethe – am Vortag hat er eine wichtige Arbeit abgeschlossen – und summt eine Weise, trällert ein Liedchen vor sich hin, und als ihm die Melodie richtig aufgeht, spitzt er gar die Lippen, um sie zu pfeifen. Eine abwegige Vorstellung?

Im September 1827 schreibt der greise Goethe an seinen Freund Carl Friedrich Zelter in Berlin: »Ich habe die Vermutung, daß allem und jedem Kunstsinn der Sinn für Musik beigesellt sein müsse; ich wollte meine Behauptung durch Theorie und Erfahrung unterstützen.« Und die Musik in Theorie und Praxis ist auch immer wieder Thema in dem mehr als dreißig Jahre währenden Briefwechsel zwischen diesen beiden so verschiedenen Männern, dem Staatsmann und berühmten Dichter in Weimar und dem musizierenden Maurermeister in Berlin.

Es fällt dennoch schwer, sich Goethe als konzentrierten Musikhörer, als begeisterten Musikliebhaber oder gar als Musizierenden vorzustellen. Daß Goethe geschrieben, gezeichnet und gemalt hat, daß ihm die Naturwissenschaften außerordentlich wichtig waren, daß die Auseinandersetzung mit der bildenden Kunst, der Architektur und – selbstverständlich – mit der Literatur sein Leben begleitet und bestimmt hat, das weiß man. Aber Musik? Hat er sich mit dieser Kunstgattung überhaupt beschäftigt? Wie und auf welche Weise hat er an dem so reichen zeitgenössischen

Musikleben teilgenommen? Hat er gesungen oder ein Instrument gespielt?

In Goethes Lebenszeit fällt eine außerordentlich fruchtbare und aufregende Musikepoche. Haydn, Mozart, Beethoven und Schubert sind seine Zeitgenossen. Als Goethe geboren wird, sind die großen Barockmeister Georg Friedrich Händel, Johann Sebastian Bach und Georg Philipp Telemann noch am Leben, die Zeit der Barockmusik aber geht ihrem Ende entgegen. Im Jahr seines Todes sind wir schon mitten in der Epoche der musikalischen Romantik. Man weiß so wenig darüber, wie Goethe, der diese Jahrzehnte kultureller Blüte und weitreichender gesellschaftlicher und politischer Umgestaltung mitgeprägt hat, die Musik seiner Zeit eingeschätzt und welche er gehört hat. In den vielen Lebensbeschreibungen erfährt man gewöhnlich nur wenig über seine Begegnungen mit zeitgenössischen Musikern und Komponisten, über sein musikalisches Tun und Nachdenken, seine Hörgewohnheiten. Der Gedanke im Brief an Zelter läßt jedoch vermuten, daß ihm die Musik mehr bedeutet hat, als gemeinhin vermutet wird, und daß auch diese Kunst sein ganzes Leben begleitet, ihn in seiner Weltwahrnehmung bereichert und ihm wichtige Impulse für sein Schaffen gegeben hat.

Wenn es um Goethes Verhältnis zur Musik geht, beschränken sich die meisten Biographen auf die Darstellung seiner für ihn selbst so wichtigen Forschungen zu Naturphänomenen. Im Rahmen seiner physikalischen Untersuchungen hat er sich auch mit akustischen Problemen beschäftigt. Neben der Farbenlehre plante er eine Abhandlung zu einer Tonlehre, eine Darstellung der Akustik auf der Grundlage seiner Auffassung von Natur und Kunst. Dazu erarbeitete er ein tabellarisches Schema »Tonlehre entwickelt die Gesetze des Hörbaren«. Die Inhalte und die Struktur dieses Entwurfs erörterte er ausführlich mit Zelter, als sich beide in Karlsbad trafen, und später in der Korrespondenz mit ihm. In den »Tag- und Jahresheften« notierte er für das Jahr 1810: »Weil man aber einmal des Mühens und Bemühens gewohnt, sich immer gern und leicht neue Lasten auflegt, so entwickelte sich, bei nochmaliger schematischer Übersicht der Farbenlehre, der verwandte Gedanke: ob man nicht auch die Tonlehre unter ähnlicher Ansicht auffassen könnte, und so entsprang eine ausführliche Tabelle, wo in drei Kolumnen, Subjekt, Objekt und Vermittlung aufgestellt worden.« Im Vordergrund dieses Entwurfs einer Tonlehre stehen sowohl physiologische als auch psychologische Überlegungen zur Entstehung und Wirkung von Ton und Klang. Wie in allen seinen naturwissenschaftlichen Untersuchungen und Abhandlungen spielen auch hier der Gedanke der Polarität und die Wechselwirkung zwischen Anspannung und Entspannung eine wesentliche gestaltgebende Rolle. Dieses Schema zur Tonlehre, auf zwei große Blätter geschrieben, hing seit 1827 zunächst in seinem Arbeitszimmer im Haus am Frauenplan und dann im Schlafraum über dem Waschtisch.

Doch hat sich Goethe nicht nur theoretisch und unter physikalischen Aspekten mit dem Phänomen Musik auseinandergesetzt. Liedgesang und musikalische Darbietungen im vertrauten häuslichen Kreis, aber auch Konzerte im öffentlichen Raum, Kirchenmusik und nicht zuletzt die Oper haben schon früh sein Interesse und seine Empfänglichkeit für die Musik geweckt. Sie hat ihn dann sein ganzes Leben begleitet und seinen Lebenskreis bestimmt. Nicht nur am Hofe in Weimar und in seinem Haus am Frauenplan, auch auf fast allen Reisen und während seiner zahlreichen Kuraufenthalte in Böhmen hat er musikalische Erlebnisse gesucht und gefunden. Immer hat Goethe als Hörer und als Gesprächspartner den Kontakt zu zeitgenössischen Musikern gesucht, auch mit dem Ziel, tiefer in das Verständnis dieses künstlerischen Bereiches einzudringen. Das war nicht nur das Ergebnis der väterlichen Erziehung und Ausbildung, die durch Klavierunterricht und die Anregung zu Besuchen von Konzert und Musiktheater auch die Musik einschloß. Es war vor allem seine besondere Art, die Erscheinungen dieser Welt und die Äußerungen von Kunst, in welcher Form auch immer, zu erfassen und in sein Denken und Erleben aufzunehmen.

Stärker als von reiner Instrumentalmusik war Goethe von Lied und Gesang angezogen. Das Nachdenken über die rechte Form des Liedes und über die Art und Weise, wie seine Gedichte zu vertonen seien, ist immer wieder Teil der Diskussion mit seinen musikalischen Ratgebern, mit Kayser, mit Reichardt und vor allem mit Zelter. Es ist deshalb auch nicht verwunderlich, daß die Genannten vor allem Komponisten von Liedern waren. Der Gesang war ihm aber nicht nur in der Form des Liedes wichtig. Obwohl in seiner Lebenszeit die symphonische Musik, wie sie dann das ganze 19. Jahrhundert bestimmte, entstanden ist, wurden von ihm Oratorium und Oper gegenüber Instrumentalkonzert und Symphonie bevorzugt.

Besonders die Oper hatte es Goethe angetan. Über das Singspiel in der Manier norddeutscher Komponisten und über die Opera buffa, die er in Italien kennengelernt hatte, kam er schließlich auch zur großen zeitgenössischen Oper. Während seiner Tätigkeit als Leiter des Weimarer Theaters machten Opern einen Großteil des Spielplans aus. In der ersten Lebenshälfte hatte sich Goethe auch als Textdichter versucht, und viele seiner Singspiele wurden mit nicht unerheblichem Erfolg und nicht nur in Weimar aufgeführt. Und schließlich darf auch sein Fragment gebliebener Versuch nicht vergessen werden, eine Fortsetzung der »Zauberflöte« zu schreiben.

Obwohl es von ihm auch abfällige Äußerungen über Musiker und kritische Anmerkungen zur Musik gibt, war Johann Wolfgang Goethe der Musik, dieser »holden Kunst«, keineswegs abhold. Er hat sich im Gegenteil sein ganzes Leben lang mit ihr auseinandergesetzt, sich aber auch an ihr erfreut. Seine autobiographischen Schriften, seine Tagebücher und die Briefe geben reichlich Auskunft über den Stellenwert der Musik in seinem Leben. Es lohnt sich also, Goethe als Musikliebhaber, aber auch als Musikkenner vorzustellen und dabei sein Erleben, sein Denken und auch sein Schaffen aus einem Blickwinkel zu betrachten, der in den meisten Biographien zu kurz kommt. Insgesamt gilt schließlich, was er im August 1822 während eines Konzerts in Eger einem Mitwirkenden, dem Lehrer Josef Pleyer, gesagt haben soll: »Wer Musik nicht liebt, verdient nicht, ein Mensch genannt zu werden; wer sie liebt, ist erst ein halber Mensch; wer sie aber treibt, ist ein ganzer Mensch.«

Musik im Elternhaus,
in Goethes Kindheit und früher Jugend

Wer an einem schönen Herbstabend des Jahres 1760 durch den Großen Hirschgraben in Frankfurt spazierte, vorbei an prächtigen Bürgerhäusern, konnte aus den halboffenen Fenstern des hohen Doppelhauses der Familie Goethe verhaltene Lautenklänge oder den heiteren Gesang einer Frauenstimme zu Klavierbegleitung hören. Musik erklang häufig im Hause des Kaiserlichen Rates, und Musik war ganz selbstverständlich ein wesentlicher Teil des Familienlebens im Elternhause Johann Wolfgangs. Der Vater, Dr. jur. Johann Caspar Goethe, gehörte zur bürgerlichen Oberschicht der Reichsstadt am Main, übte aber kein politisches oder administratives Amt aus. Seine Eltern hatten ihm ein ansehnliches Geldvermögen und das große Haus am Hirschgraben hinterlassen. So konnte er von den Zinsen leben und sich als angesehener Privatier ganz seiner Familie, der Erziehung seiner Kinder und seinen persönlichen Neigungen widmen. Als aufgeschlossener Zeitgenosse verfolgte er nicht nur aufmerksam die wissenschaftlichen Entwicklungen seiner Zeit, sondern war auch den schönen Künsten, vor allem der Malerei, der Literatur und eben der Musik, zugetan. Gern besuchte er zusammen mit seiner Frau und seinen Kindern öffentliche musikalische Veranstaltungen, etwa im Scharfschen Saal oder in der nahen Katharinenkirche, sowie Hauskonzerte befreundeter Familien. Wenn bei ihm daheim im größeren Kreis musiziert wurde, beteiligte er sich oft mit der Laute oder der Flöte. In »Dichtung und Wahrheit« schildert Goethe, mit welcher Behaglichkeit sein

Vater den Tag verbrachte, wozu auch das Spiel auf der Laute gehörte, und der Sohn bemerkt mit leichter Ironie: Er »stimmte seine Laute länger als er darauf spielte«. Daneben verstand der Vater auch die Flöte, wohl die »Flûte-douce«, also die Blockflöte, zu handhaben.

Sechs Kinder wurden den Goethes in Frankfurt geboren, von denen nur der älteste Sohn Johann Wolfgang und die etwas über ein Jahr jüngere Schwester Cornelia Friederike Christiane das Erwachsenenalter erreichten. Das dritte Kind, der jüngere Bruder Hermann Jakob, war 1759 im Alter von sieben Jahren den Pocken erlegen, ein Erlebnis, das Goethe noch im hohen Alter bewegte. Die anderen Geschwister waren bereits als Kleinkinder gestorben. Die hohe Kindersterblichkeit in der damaligen Zeit war eine allgemeine Erscheinung, von der auch Familien des gehobenen Bürgertums betroffen waren. Alle Bemühungen des Vaters um eine umfassende Erziehung und Bildung konzentrierten sich also auf die beiden Geschwister Wolfgang und Cornelia. Und wie die Musik für den Rat Goethe ein wichtiger Bestandteil seines Lebens war, so gehörte sie auch zu dem mit Sorgfalt aufgestellten Erziehungsprogramm.

Aber nicht nur der Vater hat Johann Wolfgang Goethe erste musikalische Erlebnisse vermittelt. Einen wohl noch nachhaltigeren Einfluß auf sein musikalisches Empfinden übten das Klavierspiel der Mutter und ihr Singen aus. Johann Caspar Goethe hatte 1748 im Alter von 38 Jahren die 17jährige Catharina Elisabeth Textor, älteste Tochter des Frankfurter Stadtschultheißen Dr. Johann Wolfgang Textor, geheiratet. Catharina Elisabeth hatte die damals im Bürgertum übliche Mädchenerziehung mit den Schwerpunkten Religion, Handarbeiten und Hauswirtschaft sowie Musik genossen. Die junge Frau brachte eine Grundmusikalität mit und war für die Hausmusik im Spiel auf dem Klavier (Cembalo oder Clavichord) und im Gesang ausgebildet.

Vor allem aber war sie eine »Frohnatur«, wie der Sohn sie genannt hat, oder, wie wir heute sagen würden, ein durchweg musischer Mensch. Sie hatte ein Gespür für Poesie und Klang, was ihren Umgang mit anderen Menschen bestimmte und woran man sich auch heute noch in ihren Briefen erfreuen kann. Als Ehefrau war sie für den zwar jungvermählten, aber mehr als doppelt so alten Johann Caspar zunächst wie selbstverständlich das Ziel seiner erzieherischen Bemühungen. Sie wurde von ihm, so berichtet es der Sohn, »in den ersten Jahren ihrer Verheiratung zum fleißigen Schreiben angehalten, wie zum Klavierspielen und Singen«. Die mit Lust auf dem Klavier dilettierende und gern singende Mutter hat dem kleinen Johann Wolfgang in seinen frühen Lebensjahren mit ihren Liedern die ersten nachhaltigen musikalischen Hörerlebnisse vermittelt. Vielleicht hat sie auch seine spätere Vorliebe für die Klaviermusik geprägt.

1753 holte Vater Goethe den italienischen Sprachmeister Domenico Antonio Giovinazzi ins Haus. Dieser, schon 73 Jahre alt, sollte ihn mit seinen muttersprachlichen Kenntnissen bei der Anfertigung des Berichts über seine italienische Reise (Viaggio in Italia) unterstützen. Giovinazzi war ein ehemaliger Dominikanermönch und stammte aus Neapel. Seit 1726 lebte er als angesehener Lehrer für Italienisch in der Stadt und unterwies viele Frankfurter Bürgerkinder in seiner Sprache. Auf Grund der Mithilfe am Reisebericht blieb er der Familie Goethe zunächst für zwei Jahre verbunden. Im Jahre 1760 kam er dann erneut ins Haus am Hirschgraben und erteilte bis in die Mitte des Jahres 1762 den beiden Kindern Johann Wolfgang und Cornelia Friederike Italienischunterricht. Trotz seines hohen Alters sang er mit einer noch angenehmen Stimme gern Lieder und Arien aus seiner neapolitanischen Heimat. Dabei begleitete ihn die Hausfrau häufig auf dem Klavier oder sang mit ihm auch im Duett. Der Gesang des achtzigjährigen Giovinazzi und der jungen Frau Rat mit ihrer frischen und fröhlichen Stimme muß die beiden Kinder tief beeindruckt haben. Noch im hohen Alter erinnerte sich Goethe an den Text einer italienischen Arie, die Domenico Giovinazzi zur Klavierbegleitung seiner Mutter gesungen hatte: »Ein alter heiterer italiänischer Sprachmeister, Giovinazzi genannt, war ihm daran [dem Vater bei der Abfassung des Reiseberichts] behülflich. Auch sang der Alte nicht übel, und meine Mutter mußte sich bequemen, ihn und sich selbst mit dem Klaviere täglich zu accompagnieren; da ich denn das Solitario bosco ombroso bald kennen lernte, und auswendig wußte, ehe ich es verstand.« Bei diesem »Solitario bosco ombroso« (Einsamer schattiger Wald) handelt es sich um den Anfang der Arie »Die Trennung« (La Lontanza) des italienischen Kleinmeisters Paolo Rolli (1687–1765) auf einen Text des kaiserlichen Hofdichters Pietro Metastasio.

Zum Musikleben in Goethes Elternhaus gehörte das regelmäßige Musizieren im Kreise der Familie oder mit Freunden. Jeder trug nach seinen Fähigkeiten zur Gestaltung einer solchen Soirée bei, und wer kein Instrument zu spielen verstand, wirkte mit seiner Stimme mit. An diesen Hauskonzerten beteiligten sich die Goethes ihrerseits bei befreundeten Familien. Neben den musizierenden Freunden, die in der Regel Laien waren, wenn auch auf hohem Niveau, kehrten gelegentlich professionelle Musiker in das Haus am Hirschgraben ein. Durch Goethe selbst ist zum Beispiel der Besuch des reisenden Gambisten Carl Friedrich Abel belegt, der, wie zu vermuten ist, mehr als einmal als Gast in Frankfurt weilte. Aus der Rückschau seines Lebensberichts ist er für Goethe »der letzte Musiker, welcher die Gambe mit Glück und Beifall behandelte«.

Wer war dieser Gambist? Carl Friedrich Abel wurde als Sohn von Christian Ferdinand Abel 1723 in Köthen geboren. Der Vater wirkte von 1715 bis zu seinem Tode 1737 als

Gambist und Cellist in der Hofkapelle des Fürsten Leopold von Sachsen-Anhalt in Köthen. Für ihn hat Johann Sebastian Bach wahrscheinlich seine drei Sonaten für Gambe und Cembalo (BWV 1027–1029) geschrieben. Der Sohn lernte das Spiel auf der Gambe und dem Violoncello zunächst bei seinem Vater. Wahrscheinlich aber war er auch ein Schüler Bachs an der Thomasschule in Leipzig. Bis 1758 gehörte Carl Friedrich Abel der Dresdner Hofkapelle an. Ab 1759 wirkte er in London, wo er Kammermusikus der englischen Königin Charlotte, einer geborenen von Mecklenburg-Strelitz, war. Er vervollkommnete sich auch als Solist auf der Viola da Gamba und auf dem Violoncello und gab zahlreiche Konzerte in England und auf dem Kontinent. Zusammen mit Johann Christian Bach leitete er in London die als Bach-Abel-Konzerte bekannten Abonnementskonzerte. Nach dem Tode Johann Christian Bachs 1782 reiste er einige Jahre als damals wohl letzter deutscher Gambenvirtuose – die Gambe war inzwischen fast völlig durch das Violoncello verdrängt – durch Europa. Er starb 1787 in London.

Wann Abels Besuch und sein Konzert in Goethes Elternhaus stattfanden, ist nicht bekannt. In seinem Lebensbericht erwähnt ihn Goethe jedenfalls erst in den Schilderungen seiner Leipziger Studentenzeit. Im Zusammenhang mit Überlegungen zu einer Reise nach Dresden kommt Goethe auf die Abneigung seines Vaters gegen Gasthöfe zu sprechen, lobt indessen seine Gastfreundschaft im eigenen Hause, die er vor allem Künstlern und Virtuosen angedeihen ließ, so auch dem Gambenvirtuosen Abel.

Doch blieb es nicht beim häuslichen Musizieren. Gemeinsam besuchte die Familie Goethe die öffentlichen Konzerte in Frankfurt. Aus dem sorgfältig geführten Haushaltsbuch des Vaters, dem »liber domesticus«, wissen wir von einem Abonnement für Subskriptionskonzerte. Im

CATHARINA ELISABETH GOETHE geb. Textor (1731–1808)

Gemälde von Georg Oswald May, 1776
Freies Deutsches Hochstift – Frankfurter Goethe-Museum
Foto: Ursula Edelmann

Vor allem seiner singenden und klavierspielenden Mutter
verdankte Goethe die Vorliebe für den Gesang.

Rahmen dieser Veranstaltungen erlebte Goethe den Auf-
tritt eines anderen durchreisenden Musikers, der ihn tief
beeindruckte. Am 25. August 1763 hörten der 14jährige Johann Wolfgang und seine Schwester Cornelia, wahrscheinlich
zusammen mit den Eltern, ein Konzert des siebenjährigen
Wolfgang Amadeus Mozart und seiner Schwester Nannerl.
Leopold Mozart war mit seinen beiden Kindern am 9. Juni
1763 von Salzburg aus zu einer großen Europa-Tournee aufgebrochen. Nach erfolgreichen Konzerten in allen wichtigen Städten Süddeutschlands weilten sie vom 10. bis zum
31. August in der Reichsstadt Frankfurt. Für dieses Gastspiel waren fünf Veranstaltungen vorgesehen. Alle Konzerte – das erste wurde am 18. August gegeben – fanden vermutlich im Scharfschen Saal auf dem Liebfrauenberg statt,
einer kleinen Gasse hinter der Paulskirche. Was die beiden
Salzburger Wunderkinder zum besten gaben, wissen wir
nicht. Nicht immer war es die Musik, die bei ihren Auftrit-
ten im Vordergrund stand. So exerzierte Wolfgang Amadé
eine Art pianistischer Artistik wie das Spiel mit verbundenen Augen oder mit verdeckter Tastatur. Das war verblüf-
fend, und das wollte das Publikum vor allem sehen.

Daß hier ein unvergleichliches musikalisches Genie her-
anwuchs, ahnte damals wohl kaum einer der Zuhörer, auch
die Goethes nicht. Sie waren wie die anderen Teil des zah-
lenden Publikums, das die reisenden Wunderkinder be-
staunte. Dennoch muß die Begegnung, aus welchen Gründen auch immer, den jungen Goethe nachhaltig beeindruckt
haben. Noch 1830, als Achtzigjähriger, erinnerte er sich in
einem Gespräch mit Eckermann an dieses Ereignis und den
kleinen Mozart: »Ich habe ihn als siebenjährigen Knaben
gesehen, wo er auf einer Durchreise ein Konzert gab. Ich
selber war etwa vierzehn Jahr alt, und ich erinnere mich des
kleinen Mannes in seiner Frisur und Degen noch ganz deutlich.« Wolfgang Amadeus und Johann Wolfgang, zwei noch

verborgene Genies dieser künstlerisch so reichen Epoche, sind sich damals in Frankfurt und auch später nicht persönlich begegnet. Und doch hat sich Goethe gerade zu diesem Musiker in besonderer Weise hingezogen gefühlt und sich mit seinen Werken, vor allem mit den Opern, immer wieder auseinandergesetzt.

Im Jahre 1763 »ward auch der schon längst in Beratung gezogne Vorsatz, uns in der Musik unterrichten zu lassen, ausgeführt [...] Daß wir das Klavier lernen sollten, war ausgemacht; allein über die Wahl des Meisters war man immer streitig gewesen.« Der Klavierunterricht für die beiden Geschwister begann nach Goethes Konfirmation zu Ostern im Mai dieses Jahres. Den ersten Lehrer hatte der junge Goethe für sich und Cornelia selbst ausgesucht. Seine Wahl war auf Johann Andreas Bismann, Organist und Kantor am Gymnasium in Frankfurt, gefallen. Es ist in Goethes Lebensbericht amüsant zu lesen, welche Kriterien für die Auswahl dieses Klavierlehrers maßgebend waren: »Endlich komme ich einmal zufälligerweise in das Zimmer eines meiner Gesellen, der eben Klavierstunde nimmt, und finde den Lehrer als einen ganz allerliebsten Mann. Für jeden Finger der rechten und linken Hand hat er einen Spitznamen, womit er ihn aufs lustigste bezeichnet, wenn er gebraucht werden soll. Die schwarzen und weißen Tasten werden gleichfalls bildlich benannt, ja die Töne selbst erscheinen unter figürlichen Namen.« Begeistert und in beredten Worten muß Johann Wolfgang seinem Vater von diesem Lehrer erzählt und ihn gedrängt haben, Bismann für den Unterricht zu engagieren. Obwohl der Vater wahrscheinlich andere Vorstellungen hatte, gab er dem Drängen des Sohnes nach.

Dieser erste Unterricht war aber à la longue doch nicht so lustig, und die Fortschritte mußten mühsamer erarbeitet werden, als Schüler und Schülerin gehofft hatten. Wider Erwarten erwies sich die gewiß systematische Lehrmethode als eher trocken und wenig kindgemäß, kurzum, als langweilig. Jedenfalls blieben die erwarteten Späße aus. »Das Notenlesen ging zuerst an, und als dabei kein Spaß vorkommen wollte, trösteten wir uns mit der Hoffnung, daß wenn es erst ans Klavier gehen würde, wenn es an die Finger käme, das scherzhafte Wesen seinen Anfang nehmen würde. Allein weder Tastatur noch Fingersetzung schien zu einigem Gleichnis Gelegenheit zu geben. So trocken wie die Noten, mit ihren Strichen auf und zwischen den fünf Linien, blieben auch die schwarzen und weißen Claves [Tasten], und weder von einem Däumerling noch Deuterling noch Goldfinger war mehr eine Sylbe zu hören; und das Gesicht verzog der Mann so wenig beim trocknen Unterricht, als er es vorher beim trocknen Spaß verzogen hatte.« Erst als zufällig einer von Goethes Freunden in eine dieser Klavierstunden platzte, »eröffneten sich die sämtlichen Röhren des humoristischen Springbrunnens; die Däumerlinge, und Deuterlinge, die Krabler und Zabler, wie er die Finger zu bezeichnen pflegte, die Fakchen und Gakchen, wie er z. B. die Noten f und g, die Fiekchen und Giekchen, wie er fis und gis benannte, waren auf einmal wieder vorhanden und machten die wundersamsten Männerchen«. Die ganze spaßige Art des Klavierunterrichts entpuppte sich bei dieser Gelegenheit als zugkräftiger Gag, mit dem Kantor Bismann, durchaus nicht ohne Erfolg, neue Schülerinnen und Schüler anzuwerben versuchte. Immer wenn ein verheißungsvoller Klavieraspirant während des Unterrichts das Zimmer betrat, geriet er in das für Johann Wolfgang so spaßige Fahrwasser. Bismann wurde 1792 zum Vizekapellmeister an der Frankfurter Barfüßerkirche ernannt und wirkte dort bis zu seinem Tod 1811.

Nicht nur daß der Klavierunterricht trocken und langweilig war, es mangelte zudem an der nötigen weiterführenden Anregung. Erst ein Assistent des Vaters, Leopold

Heinrich Pfeil, konnte den Kindern am Klavier weiterhelfen. Pfeil, 1725 oder 1726 geboren, war als junger Mann im Hause Goethe als Bedienter, Kammerdiener und Sekretär des Vaters tätig gewesen. 1746 heiratete er Caspar Goethes Cousine Friederike Charlotte Wilhelmine Walther und ließ sich als französischer Sprachmeister in Frankfurt nieder, wo er 1755 mit Unterstützung der Familien, deren Kinder er in Französisch unterrichtete, eine Schule mit Schülerpension, eine Art Internat, gründete. Ganz in der Nähe von Goethes Elternhaus untergebracht, erweiterte sich die kleine Pension zu einer Schulanstalt, »in der man alles Notwendige, ja zuletzt sogar Lateinisch und Griechisch lehrte«. Die Schule wurde vor allem von jungen Franzosen und Engländern besucht, die in Frankfurt lebten und neben einer gediegenen Grundausbildung auch die deutsche Sprache erlernen wollten.

Das Klavierspiel hatte Leopold Heinrich Pfeil erst in späteren Jahren als Autodidakt erlernt, als er an seiner Schule auch als »Musikmeister« wirken mußte. Seine Begeisterung für dieses Fach übertrug er schließlich auf das Instrument und eröffnete einen kleinen Handel mit Klavieren. In dieser Profession stand er in Verbindung mit dem Klavierbauer Christian Ernst Friderici in Gera, von dessen Instrumenten er stets einige in Kommission hatte. Auch der große Pyramidenflügel aus der Werkstatt Fridericis kam durch Pfeils Vermittlung in Goethes Elternhaus. Die »Giraffe«, wie das mit seinem Corpus aufrecht stehende Hammerklavier genannt wurde, hatte der Vater laut Haushaltbuch für 60 Gulden erworben. Das war preiswert: ein Frankfurter Gulden entsprach damals etwa dem Wert von 20 DM. Der neue Flügel wurde vor allem von Cornelia traktiert, während Wolfgang weiter auf dem bisherigen Instrument übte. Entscheidend für ihre Fortschritte war indessen die Begeisterung und Lebendigkeit Pfeils, der »als Musterbild und antreibender Hausfreund« auf sie einwirkte. Leopold Heinrich Pfeil starb 1792.

Der Klavierunterricht in den bürgerlichen Familien hatte weder die perfekte Wiedergabe größerer Kompositionen noch eine virtuose Beherrschung des Instruments zum Ziel. Im Zentrum des Bemühens standen leichtere Vortragsstücke, kleine Tänze, Märsche und Lieder für den Hausgebrauch. Dabei mußte notgedrungen vor allem auf das Generalbaßspiel Wert gelegt werden, weil in dem zur Verfügung stehenden Notenmaterial häufig die Harmonien nicht vollständig ausgeschrieben waren. Sie mußten auf der Grundlage der Melodie oder nach dem bezifferten Baß jeweils frei ergänzt werden. Ein solcher Unterricht sollte die Schüler dazu befähigen, für sich selbst oder für die kleine Hausmusik innerhalb der Familie und im Freundeskreis ein Lied anzustimmen, den Gesang zu begleiten oder zum Tanz aufzuspielen. Diese gesellige Art des Klavierspiels beherrschte auch der junge Goethe bald. Daß er die in seiner Jugend erworbene Fähigkeit auch später nicht verlor, zeigt eine Beobachtung des Jenaer Studenten David Johann Veit, der Goethe im Jahre 1795 in Weimar besuchte und an Rahel Levin schrieb: »Er spielt Klavier, und gar nicht schlecht.« Für die späteren Jahre finden sich allerdings keine Zeugnisse mehr, die darauf hinweisen, daß er das Klavier auch weiterhin für sich selbst nutzte. Die wenigen Andeutungen in den Tagebüchern und Gesprächsaufzeichnungen lassen kaum mehr als vage Vermutungen zu. Es ist anzunehmen, daß Goethe später mehr und mehr auf das eigene Klavierspiel zugunsten des Vorspiels durch andere verzichtete.

Die Kirchenmusik hatte in der Reichsstadt Frankfurt eine gute Tradition. Wie in vielen Städten des protestantischen Nordens hatte sie nicht nur eine tragende Funktion im sonntäglichen Gottesdienst, sondern nahm im musikalischen Geschehen der Stadt insgesamt einen hervorragenden

Platz ein. Der städtische Musikdirektor und Leiter des patrizischen Collegium musicum, das im Haus »Auf dem Frauenstein« musizierte, hatte neben der Aufgabe, die Festmusik für verschiedene städtische Anlässe zu liefern, vor allem für die entsprechende geistliche Musik zu sorgen. Ihm oblag nämlich nicht nur das städtische Amt des Musikdirektors, er war zugleich Kantor in der Kirche des Barfüßerklosters. In dieser Eigenschaft leitete er auch die Kirchenmusik an der Katharinenkirche.

In der ersten Hälfte des Jahrhunderts, von 1712 bis 1721, hatte hier in Frankfurt der damals schon berühmte Georg Philipp Telemann als städtischer Musikdirektor und Kantor gewirkt. Während dieser Zeit schuf er für die Gottesdienste in der Passionszeit zahlreiche Kantaten und kleine Oratorien. Außer den Kirchenmusiken zu verschiedenen Anlässen komponierte Telemann eine große Anzahl von Orchestersuiten für das städtische Collegium musicum. Er gilt zudem als Begründer der regelmäßigen Konzerte, die das Frankfurter Collegium ab 1713 in der Stadt veranstaltete. Einige der Telemannschen Kantaten hatte man lange dem Frankfurter Komponisten Heinrich Valentin Beck zugeschrieben, der lediglich ihr Kopist war. Beck, von dem zahlreiche Kantaten im empfindsamen Stil stammen, war bis 1737 Kantor in Lauterbach und dann in Hanau, bevor er von Goethes Großvater, dem Stadtschultheißen Johann Wolfgang Textor, der es sich zur Aufgabe gemacht hatte, Künstler, vor allem Musiker, zu unterstützen und zu fördern, in die Reichsstadt Frankfurt berufen wurde. Hier wirkte er von 1738 bis zu seinem Tode 1758 als Vizekapellmeister. Valentin Beck war der Klavierlehrer der Mutter Goethes, die er auch nach ihrer Heirat bis 1755 noch regelmäßig unterrichtete.

Telemann wurde 1721 zum Musikdirektor in Hamburg berufen. In den Folgejahren erfuhr die protestantische Kirchenmusik auch in Frankfurt einen gewissen Qualitätsrückgang, obwohl die Stellen des Musikdirektors und des Kantors am Barfüßerkloster kontinuierlich besetzt waren. Während seiner Jugendzeit, bevor er nach Leipzig zum Studium ging, erlebte Goethe drei städtische Musikdirektoren bzw. Kantoren: Johann Balthasar König wirkte von 1727 bis 1758 in Frankfurt, ihm folgte in diesem Amt für knapp zwei Jahre (1758–1759) Johann Heinrich Steffan, und von 1759 bis 1769 hatte Johann Christoph Fischer das Amt inne. Sie alle konnten die damals schon weit über Frankfurt hinausreichende Bedeutung des großen Barockkomponisten Telemann nicht mehr erreichen, auch sein unmittelbarer Nachfolger Johann Christian Bodinus nicht. Fest steht, daß der junge Goethe den regelmäßigen Gottesdienstbesuchen, besonders in der Katharinenkirche, und der bei dieser Gelegenheit gehörten Musik nachhaltige Eindrücke verdankte. Diese Kirchenmusiken, deren Texte gedruckt und den Gottesdienstbesuchern an der Kirchentür ausgehändigt wurden, mögen ihn selbst zur Produktion geistlicher Kantatentexte angeregt haben. Überliefert ist davon nichts, lediglich eine Versfassung der Einsetzungsworte des Abendmahls, die der Sechzehnjährige seiner Mutter ins Stammbuch schrieb, deutet darauf hin.

Zu den prägenden Höreindrücken in Frankfurt gehörte die Oper. Die Familie Goethe besuchte regelmäßig das Theater, wo neben Schauspielen auch Opern und die in Mode kommenden Singspiele oder Operetten aufgeführt wurden. Als während des Siebenjährigen Krieges Frankfurt im Januar 1759 von französischen Truppen besetzt wurde, blieb auch das Haus am Großen Hirschgraben von Einquartierungen nicht verschont. Zwei Jahre lang wohnte der Königsleutnant François de Thoranc im Obergeschoß des Hauses. Obwohl er sich auf Grund seiner Stellung und seines Herkommens außerordentlich korrekt verhielt und die

Einquartierung für die Familie kaum zu Einschränkungen führte, kam es zwischen ihm und dem Hausherrn mehrfach zu ernsten Spannungen. Erst im Februar 1763, nach dem Abschluß des Hubertusburger Friedens, verließen die französischen Truppen die Stadt. Diese Besatzungszeit war indessen nicht nur belastend, sie brachte auch Annehmlichkeiten und Anregungen mit sich. So gastierte im Junghof in Frankfurt eine französische Theatertruppe, deren Vorstellungen Johann Wolfgang häufig besuchte und wo er zum erstenmal mit der Welt der Schauspieler in Kontakt kam. Durch die Theaterstücke vertiefte er seine Sprachkenntnisse und bekam Einblick in französisches Wesen und französische Eigenart.

Bei dieser Gelegenheit lernte er zum erstenmal komische Opern in französischer und italienischer Sprache kennen. Leider kann heute nicht mehr im einzelnen festgestellt werden, wie oft Goethe in diesen Jahren das Theater besuchte. Doch wissen wir, welche Opern er in seiner Heimatstadt gesehen hat: es sind Beispiele der damals in Frankreich sehr beliebten Opéra comique, u. a. »Devin du village« von Jean Jacques Rousseau, »Rose et Colasse« von André Modeste Grétry und »Annette et Lubin« von Charles Simon Favart. Die Opéra comique war im frühen 18. Jahrhundert aus volkstümlichen Vaudevilles und Jahrmarktsspielen hervorgegangen. Sie bestand aus gesprochenen Dialogen, die von Liedern und kleinen Musikstücken unterbrochen wurden, und setzte sich bewußt von den strengen Formprinzipien der großen französischen Oper ab. In ihrer Struktur ähnelte die Opéra comique dem deutschen Singspiel, das sich seit der Mitte des 18. Jahrhunderts zunächst vor allem in Norddeutschland entwickelte.

Der Besuch der komischen Oper im französischen Theater regte den halbwüchsigen Goethe dazu an, selbst einmal ein Opernlibretto zu verfassen. Leider hat er wenige Jahre später, als Siebzehnjähriger, das Ergebnis jener ersten musikdramatischen Bemühungen, das italienische Libretto »La sposa rapita« (Die geraubte Braut), zusammen mit anderen dichterischen Versuchen verbrannt. Als Goethe nach seinen Aufenthalten in Leipzig und Straßburg und dem Abschluß seines Studiums 1774 nach Frankfurt zurückkehrte, nahm er die regelmäßigen Besuche des dortigen Theaters wieder auf. Er hörte wiederum, nun etwas intensiver, Opern französischer Komponisten, vor allem der häufig gespielten Zeitgenossen André Modeste Grétry und Pierre Alexandre Monsigny, aber auch Singspiele von Johann Adam Hiller, dessen Werke er in Leipzig schon schätzengelernt hatte, und dem Komponisten und Musikverleger Johann André aus dem benachbarten Offenbach. Die Begegnung mit dem Singspiel in Leipzig und mit der Opéra comique in Frankfurt regte Goethe schließlich zur Produktion einer ganzen Reihe eigener Singspieltexte an.

Als Student
in Leipzig und Straßburg

Am 3. Oktober 1765 traf der sechzehnjährige Johann Wolfgang Goethe aus Frankfurt in »Klein-Paris«, der Messe- und Universitätsstadt Leipzig, ein. Leipzig war keineswegs sein Wunschziel gewesen. Ihn zog es eher nach Göttingen, wo er an der berühmten Universität ein geisteswissenschaftliches Studium aufnehmen und sich den schönen Wissenschaften und alten Sprachen widmen wollte. Doch konnte er sich mit seinem Wunsch nicht durchsetzen, und so schrieb er sich wie einst der Vater an der juristischen Fakultät der Leipziger Universität ein. Ein zielgerichtetes und systematisches Studium aber, wie es Rat Goethe vorschwebte, lag nicht im Sinne des Studiosus. Rasch erweiterten sich seine Interessen auf die Bereiche Philologie, Philosophie und Theologie und dehnten sich auf die Medizin und die Naturwissenschaften aus. Außerhalb dieser Studien eröffneten ihm mannigfaltige Unternehmungen neue Sichtweisen, erweiterten seine Fähigkeiten und verbanden ihn mit neuen Freunden. Dazu gehörte die Beschäftigung mit Musik und die intensive Teilhabe am reichen Musikleben der sächsischen Universitätsstadt. Nach einer schweren Erkrankung im Juli 1768 brach er sein fast dreijähriges Studium in Leipzig ab und kehrte einen Monat später, an seinem 19. Geburtstag, nach Frankfurt zurück.

Mit seinen mehr als 36 000 Einwohnern war Leipzig sowohl ökonomisch wie kulturell eine bedeutende Stadt, weltläufig und urban. Es galt als Zentrum der deutschen Aufklärung, der Literatur zwischen Spätbarock und Sturm und

Drang, aber auch als ein Brennpunkt zeitgenössischen Musikschaffens. Das Amt des Kantors an der Thomaskirche hatte zwar nicht mehr die herausragende Bedeutung für das Musikleben der Stadt wie einst, doch bestimmte es immer noch weitgehend die kirchenmusikalische Praxis. Allerdings waren die geistigen Veränderungen, die von dem Gedankengut der Aufklärung und der neuen Empfindsamkeit ausgingen, auch an der Kirchenmusik nicht spurlos vorübergegangen. Das kunstvolle Geflecht der Polyphonie und die barocken Formprinzipien waren nun weniger gefragt, ging doch das musikalische Interesse des Publikums in eine andere Richtung. Die Zuhörer erfreuten sich an gefälligen Melodien und genossen, auch in der geistlichen Musik, den unmittelbaren Ausdruck von Gefühlen. Im ganzen muß man nach der glanzvollen Epoche der drei großen Barockkomponisten Bach, Händel und Telemann für diese Zeit wohl von einem Niedergang der protestantischen Kirchenmusik sprechen. Die musikalische Mode hatte sich geändert, der Zeitgeist verlangte nach anderen Klängen. Der große Johann Sebastian Bach, der mit den Leipzigern oft seine liebe Not gehabt hatte und dessen Musik bei den tonangebenden städtischen Kreisen nicht immer auf große Akzeptanz gestoßen war – jetzt, fünfzehn Jahre nach seinem Tod, war er in der Stadt seines langjährigen Wirkens wie in der übrigen musikalischen Welt nahezu vergessen. Als Goethe in Leipzig studierte, war von Bach kaum mehr die Rede, und seine Musik wurde nicht mehr gespielt. Nicht einmal eine Grabplatte oder ein Gedenkstein kennzeichnete seine Beerdigungsstätte auf dem Johannesfriedhof. Erst 1894, als die Johanneskirche umgebaut wurde, suchte man auch nach Bachs Grabstätte und setzte seine sterblichen Überreste in einer Gruft in der neuen Johanniskirche bei. Im Juli 1949 schließlich wurde der Zinksarg aus der zerstörten Johanniskirche in die Thomaskirche gebracht und im Altarraum beigesetzt.

Während seines Studiums in Leipzig wohnte der junge Goethe in der »Großen Feuerkugel«. Das Wohnhaus gehörte einer Kaufmannswitwe, die an Studenten vermietete. Die gesamte Anlage, die einen Innenhof umschloß, wirkte für die damalige Zeit großzügiger und städtischer als die schmalen Fachwerkhäuser in den winkligen Straßen, wie sie Goethe aus Frankfurt kannte. Anfangs hatte er seinen Mittagstisch in der Familie des Medizinprofessors Christian Gottlieb Ludwig, des Rektors der Universität. Um Ostern 1766 hielt sich Goethes späterer Schwager Johann Georg Schlosser auf der Durchreise in Leipzig auf. Er stieg wie viele Frankfurter, wenn sie in der sächsischen Messestadt Station machten, bei dem Gastwirt und Weinhändler Christian Gottlob Schönkopf am Brühl in der Leipziger Innenstadt ab. Hier, im Gasthof Schönkopf, vermittelte Schlosser seinem Frankfurter Bekannten Goethe einen neuen Mittagstisch. Dessen Teilnehmerrunde war offenbar vielseitiger und heiterer als die beim Universitätsrektor, weshalb sie dem jungen Mann mehr behagte. Schon bald verliebte er sich in Schönkopfs Tochter Anna Katharina, genannt Käthchen. Über sie und die Schönkopfsche Tischgesellschaft kam Goethe in Kontakt zu dem Verleger und Buchdrucker Johann Gottlieb Immanuel Breitkopf und seiner Familie. Dessen Vater, der Firmengründer Bernhard Christoph Breitkopf, hatte den Notendruck mit beweglichen Lettern erfunden und sich auf das Verlegen von Musikalien spezialisiert. Als Goethe in die Familie eingeführt wurde, die das Haus zum »Goldenen Bären« bewohnte, lebte der siebzigjährige Seniorchef noch. Der junge Goethe war bald ein gerngesehener Gast der Familie und durfte auch die reich ausgestattete Bibliothek benutzen. Im Hause Breitkopf wohnte zu der Zeit und bis zu seinem Tode 1766 auch der angesehene Schriftsteller, Kritiker und Theoretiker Johann Christoph Gottsched.

Mit den etwa gleichaltrigen Breitkopf-Kindern, der Tochter Sophie Constanze, einer Freundin von Käthchen Schönkopf, und den beiden Söhnen Bernhard Theodor und Christoph Gottlob, war der Student Goethe bald eng befreundet. Alle drei Kinder waren musisch begabt und musikalisch ausgebildet. Sie nahmen gemeinsam an Festlichkeiten teil, und im Kreise der Familie und der Freunde wurde Theater gespielt und Hausmusik gemacht, an der sich Goethe mit der Flöte und wohl auch singend und klavierspielend beteiligte. Der ältere Sohn Bernhard Theodor Breitkopf, »ein wohlgestalteter junger Mann, der Musik ergeben und geübt sowohl den Flügel als die Violine fertig zu behandeln«, war der erste, der Gedichte von Goethe vertonte. In »Dichtung und Wahrheit« heißt es dazu weiter: »Wir trieben mancherlei gemeinschaftlich, und der älteste komponierte einige meiner Lieder, die, gedruckt, seinen Namen, aber nicht den meinigen führten und wenig bekannt geworden sind.« Das Heft mit zwanzig Liedern nach Texten von Goethe erschien im Herbst 1769 unter dem Titel »Neue Lieder in Melodien gesetzt von Bernhard Theodor Breitkopf« und der Jahreszahl 1770 im väterlichen Verlag Breitkopf. Die Gedichte stammen überwiegend aus der Leipziger Zeit, einige wenige sind schon in Frankfurt entstanden, dreizehn nahm Goethe später in seine Gedichtsammlung auf. Diese Lieder – ihre Melodien sind vergessen – sind noch ganz dem Rokoko und der Empfindsamkeit verbunden, herzlich und natürlich, im anakreontischen Stil, aber noch weitgehend ohne den Ton eigenen Erlebens.

Schon zu Bachs Lebzeiten hatten sich in Leipzig neben der Kirchenmusik andere, nicht an eine Kirche gebundene musikalische Aktivitäten entwickelt. 1743 war das »Große Concert« gegründet worden, eine private, von Bürgern der Stadt initiierte und unterhaltene Konzertgesellschaft. Sie bestand zunächst aus Stadtpfeifern und Studenten des Collegium musicum der Universität. Ihr erster Musikdirektor war der Thomaskantor Johann Friedrich Doles. Während des Siebenjährigen Krieges (1756–1763), als auch Leipzig unter den preußischen Truppen zu leiden hatte, wurde die Konzerttätigkeit dieser Gesellschaft eingestellt. Der seit 1758 in Leipzig wirkende Johann Adam Hiller belebte 1763 das »Große Concert« neu und veranstaltete Abonnementskonzerte. Fünfzehn Jahre später löste sich das Orchester endgültig auf. Die Musiker wurden von der seit 1775 bestehenden »Musikübenden Gesellschaft« übernommen. Dieses bereits recht stattliche Orchester erhielt 1781 im Lager- und Messehaus der Leipziger Tuchmachergilde, dem Gewandhaus, einen geeigneten Saal für seine Konzerte. Damit waren die Gewandhauskonzerte und das Gewandhausorchester gegründet und ein regelmäßiger Konzertbetrieb eröffnet, der bis in unsere Tage andauert und den musikalischen Ruhm der Stadt Leipzig in alle Welt trug und immer noch trägt. Erster Dirigent war bis 1785 Johann Adam Hiller. In seiner Eigenschaft als Gewandhauskapellmeister durfte Hiller nur die Konzerte im Haus der Tuchmachergilde dirigieren. Wenn das Orchester im Theater für eine Oper oder ein Singspiel eingesetzt wurde, war der Theaterkapellmeister sein Leiter und bei Kirchenmusiken der Thomaskantor. Diese Ordnung wurde bald zugunsten eines für alle Sparten zuständigen Dirigenten aufgegeben. Lediglich für die Kirchenmusik blieb weiterhin der Thomaskantor zuständig. Durch diese Regelung blieb Johann Adam Hiller dem Musikleben der Messestadt auch nach 1785 erhalten. 1789 wurde ihm das Amt des Thomaskantors in der unmittelbaren Nachfolge von Johann Friedrich Doles übertragen.

An Leipzigs reichem musikalischem Leben nahm Goethe schon bald als Hörer teil. Die heimliche Hauptstadt des Königreichs Sachsen mit ihrer Weltoffenheit, ihrer Eleganz und ihrem produktiven kulturellen Leben begeisterte den jungen Mann aus der Reichsstadt Frankfurt, die damals eher von Zurückhaltung in der Lebensführung und manchmal auch von Provinzialität geprägt war. Es dauerte gar nicht lange, da hatte Goethe seine etwas altmodische Kleidung gegen eine modernere und elegantere vertauscht und seine provinziellen Umgangsformen und die etwas altbackene Ausdrucksweise abgelegt.

Er besuchte, wie man annehmen kann, Kirchenmusiken ebenso wie die Konzerte der Musikgesellschaft »Großes Concert«. Bestimmt aber ging er ins Theater und kannte das gängige Repertoire an Schauspielen, Opern und Singspielen. In einer dieser Vorstellungen erlebte er im Herbst 1765 die damals erst vierzehnjährige, aber schon berühmte und gefeierte Schauspielerin und Sängerin Corona Schröter, die er später nach Weimar holte. Wie viele andere junge Männer geriet auch der Student Goethe schnell und nachhaltig in den Bann dieser reizenden Erscheinung. In den Folgemonaten konnte er ihre Kunst des öfteren bewundern. Im Dezember 1767 hörte er sie als Elena in dem Oratorium »Santa Elena al Calvario« von Johann Adolf Hasse. Nach der Aufführung wurde der Sängerin ein Billett mit der folgenden Huldigungsstrophe überreicht, die wahrscheinlich Goethe im Auftrag von Freunden verfaßt hatte:

> Unwiderstehlich muß die Schöne uns entzücken,
> Die frommer Andacht Reize schmücken.
> Wenn jemand diesen Satz durch Zweifeln noch
>   entehrt,
> So hat er dich niemals als Helena gehört.

Noch mehr als vierzig Jahre später, im Jahre 1812, erinnerte sich Goethe in einem Aufsatz über das Leipziger Theater an Corona Schröter sowie an eine andere Sängerin, die damals bekannte und beliebte Sopranistin Gertrud Elisabeth Schmehling: »Beide, die Schröter und Schmehling,

habe ich oft in Hasseschen Oratorien neben einander singen hören; und die Waagschalen des Beifalls standen für
beide immer gleich, indem bei der einen die Kunstliebe, bei
der andern das Gemüt in Betrachtung kam.« Im März 1776,
als er bereits in Weimar war, reiste Goethe im Auftrag des
Herzogs Carl August nach Leipzig, um die vielseitig be-
gabte Corona Schröter für das Liebhabertheater des Weimarer Hofes und als Kammersängerin der Herzoginmutter
Anna Amalia zu gewinnen. Die Sängerin zögerte zunächst,
sich an den kleinen Hof zu binden. Als ihr Goethe jedoch
ein Gehalt von jährlich 400 Talern auf Lebenszeit zusichern
konnte, willigte sie ein, und noch im November desselben
Jahres siedelte sie nach Weimar über.

Bei den Besuchen im Leipziger Theater wurde Goethe
mit einer auf deutschem Boden relativ neuen Form des Musiktheaters, dem Singspiel, bekannt. Das Singspiel oder die
Operette, wie man es je nach Musikanteil manchmal auch
nannte, hatte sich mit der Entstehung eines selbstbewußte-
ren Bürgertums als Gegenstück zur großen Barockoper
entwickelt. Zunächst waren es meist heitere Schauspiele mit
kleinen Gesangseinlagen. Mit ihrer Erweiterung zu um-
fangreicheren Komödien wuchs auch der Anteil der Musik.
Zu den Liedern gesellten sich Arietten und kurze Arien.
Nicht mehr Götter und Helden spielten die Hauptrolle,
sondern Handwerker, Bauern und Mädchen vom Lande,
denen strophische Lieder mit gefälligen Melodien zugeordnet waren, während die gelegentlich noch auftretenden Adligen weiterhin Arien oder Arietten zu singen hatten. Die
herrschende Oberschicht adaptierte bald diese neue Form
des Musiktheaters. Aus dem bürgerlichen Gegenstück zur
höfisch orientierten Oper wurde das Singspiel schließlich
»zum beliebten Spiel höfischer Geselligkeit und adligen
Amüsements«. Auf diesem neuen musikalischen Feld war
der Leipziger Johann Adam Hiller ein bedeutender Pionier,

ja, man kann ihn als Vater des Singspiels norddeutscher Prägung bezeichnen.

Hiller wurde 1728 in der Nähe von Görlitz als Sohn eines Dorfschulmeisters geboren. Durch den frühen Verlust der Eltern konnte er eine in Görlitz begonnene musikalische Ausbildung nicht fortsetzen. Statt dessen schlug er sich zunächst als Schreiber durch, bis es ihm im Alter von fast zwanzig Jahren gelang, Mitglied des Dresdner Kreuzchors zu werden und in dem damals schon berühmten Internat unterzukommen. Bei dem in Dresden wirkenden Bach-Schüler Gottfried August Homilius konnte er seine musikalische Ausbildung vor allem auf dem Cembalo und der Orgel vervollkommnen. Seine besondere Begeisterung galt indessen den ernsten neapolitanischen Opern Johann Adolf Hasses, des hochgeschätzten Komponisten, der seit 1733 am Dresdener Hof wirkte. Aus lauter Enthusiasmus für den verehrten Meister soll der junge Hiller ganze Opern von ihm abgeschrieben haben. 1751 ging Hiller als Student nach Leipzig. Sein Studium und seinen Lebensunterhalt verdiente er durch Singen und Flötenspiel. Bald beschäftigte der Thomaskantor Doles den fleißigen jungen Mann im Collegium musicum seines »Großen Concerts«. Nach einem vierjährigen Zwischenspiel als Hauslehrer bei Graf Heinrich von Brühl kehrte Hiller 1763 nach Leipzig zurück und übernahm nun selbst die Leitung des »Großen Concerts«. Er wurde der Herausgeber der ersten wirklichen Musikzeitung in Deutschland, der »Wöchentlichen Nachrichten und Anmerkungen, die Musik betreffend«. Sie erschien erstmals 1766 und erreichte vier Jahrgänge. Daneben war Hiller ein bedeutender Musikschriftsteller und Herausgeber von Kompositionen und Schriften zur Musik. Sein bedeutendster Nachfolger auf diesem Gebiet wurde der Publizist, Lustspieldichter und Erzähler Johann Friedrich Rochlitz in Leipzig, der Begründer der »Allgemeinen musikalischen Zeitung«. Rochlitz stand seit Ende der neunziger Jahre in langjähriger persönlicher und brieflicher Verbindung mit Goethe. Die meisten seiner Lustspiele wurden am Weimarer Theater gespielt.

Aus Hillers Singspielen entwickelte sich in den ersten Jahrzehnten des 19. Jahrhunderts die deutsche Spieloper, und die gefälligen Gesangseinlagen wurden zu einer Quelle der späteren Blüte des deutschen Kunstliedes. Sein erfolgreiches Wirken auf diesem Gebiet begann mit den beiden Singspielen »Die verwandelten Weiber« und »Der lustige Schuster«. Die Texte stammten von Christian Felix Weiße, der, mit Lessing und Gellert befreundet, im Hauptberuf Steuereinnehmer war. Als fruchtbarer Stückeschreiber beherrschte er mit seinen Schauspielen die Leipziger Bühnen. Unter dem Titel »Der Teufel ist los« wurden die beiden genannten Singspiele 1766 kurz nach der Eröffnung des prächtigen Theaterneubaus auf der Ranstädter Bastei in Leipzig gespielt. Beide waren in Anlehnung an englische (Bettleroper von Gay/Pepusch) und französische (Favart, Opéra comique) Vorbilder entstanden und ursprünglich von Johann C. Standfuß, dem Ballettgeiger und Korrepetitor einer Leipziger Theatergruppe, mit einer mehr als bescheidenen Musik versehen. Hiller bearbeitete diese Musik, bereicherte sie durch eigene Zusätze und näherte viele Gesänge der italienischen Buffoarie an, wie er sie in den Opern von Hasse kennengelernt hatte. Der Erfolg gab ihm recht. In den folgenden Jahren entstand in Zusammenarbeit mit Weiße, der viele Pariser Operettenstoffe für die deutsche Bühne einrichtete, eine ganze Reihe von Operetten oder Singspielen, von denen einige mit ihren dramatischen Motiven oder ihren Figuren auch auf spätere deutsche Spielopern einwirkten. In seinem Lebensbericht erinnert sich Goethe an die heitere Atmosphäre um Texter und Komponisten: »Kreissteuereinnehmer Weisse, in seinen besten Jahren, heiter, freundlich und zuvorkommend, ward von uns geliebt und geschätzt. Zwar wollten wir seine Theaterstücke nicht durchaus für musterhaft gelten lassen, ließen uns aber doch davon hinreißen, und seine Opern, durch Hillern auf leichte Weise belebt, machten uns viel Vergnügen.«

Hillers Werke lösten eine wahre Singspielwelle aus: Der Berliner Johann Friedrich Reichardt, der Sachse und Lehrer Beethovens Christian Gottlob Neefe, Johann André aus Offenbach, der in Italien ausgebildete Dresdner Franz Seydelmann, Anton Schweitzer aus Gotha und selbst die Herzogin Anna Amalia von Sachsen-Weimar versuchten sich mehr oder weniger erfolgreich in diesem Genre. Bei seinen häufigen Besuchen des Leipziger Theaters lernte Goethe auch diese leichten und eingängigen Operetten aus der bürgerlichen Alltagswelt mit ihrem oft moralisierenden Unterton kennen. Hillers ganz den Stil der Empfindsamkeit aufgreifende idyllische Singspiele und die Mitwirkung berühmter Sängerinnen entzückten den musik- und vor allem theaterbegeisterten Studenten aus Frankfurt.

Anfang der siebziger Jahre kam Goethe erneut mit der französischen Spieloper in Berührung. Die Mannheimer Theatergruppe von Theobald Marchand führte in Frankfurt die neuen leichten französischen Opern von Monsigny, Philidor und Grétry, aber auch deutsche Singspiele von Neefe, Hiller, Benda und André auf. Diese Aufführungen und die in Leipzig von der Kochschen Theatergruppe dargebotenen Singspiele von Weiße/Hiller regten Goethe zum Verfassen eigener Singspieltexte an. Den Stoff zu seinem ersten Versuch fand er in dem damals höchst beliebten Roman »Der Pfarrer von Wakefield« von Oliver Goldsmith. Goethe dramatisierte eine dort mitgeteilte Ballade unter Hinzufügung zweier neuer Rollen. Über dieses »Schauspiel mit Gesang«, begonnen 1773, schrieb er in seinem zweiten

Weihnachtsbrief an Johann Christian Kestner vom 25. Dezember 1773, es sei »ohne großen Aufwand von Geist und Gefühl, auf den Horizont unsrer Acteurs und unsrer Bühne gearbeitet. Und doch sagen die Leute es wären Stellen drin die sie nicht prästieren würden. Dafür kann ich nachher nicht.« Im Frühjahr 1775 war dann die erste Fassung des Singspiels »Erwin und Elmire« vollendet. Die kleine Romanze erzählt, wie sich Elmire und Erwin erst zerstreiten und dann in Liebe wiederfinden: Die vielumworbene Elmire hat gegenüber dem Dichter Erwin, der sie liebt, die Gleichgültige gespielt, woraufhin dieser verzweifelt entflieht. Bernardo, ein Vertrauter Elmires, rät ihr, zur Heilung ihres Liebeskummers einen weisen Einsiedler aufzusuchen. Sie klagt ihm ihr Liebesleid, er entpuppt sich als Erwin, der Elmire nun ihre Liebe glaubt. Für die erste Vertonung des Stücks fand Goethe einen Komponisten aus dem Frankfurter Raum: Johann André aus Offenbach.

Johann André, 1741 in Offenbach geboren, von Hause aus Seidenfabrikant und Kaufmann, war als musikalischer Dilettant und Komponist weitgehend Autodidakt. Seine ersten Kontakte zu dem jungen Goethe gehen auf das Jahr 1764 zurück. Der damals fünfzehnjährige Goethe besuchte im Juni dieses Jahres den acht Jahre älteren André in Offenbach und bat diesen, ihn in seinem Bemühen um Aufnahme in die »Arkadische Gesellschaft zu Phylandria« zu unterstützen und sich für ihn zu verbürgen. Diese Gesellschaft, eine Art literarisch-künstlerischer Bund junger Menschen aus der Offenbacher Oberschicht, war aus einem kleinen Lese- und Literaturkreis hervorgegangen. Die Mitglieder der »Arkadischen Gesellschaft« trugen im Verkehr untereinander Namen aus den Schäferspielen der damaligen Zeit. Goethe hatte sich mit dem ersten von ihm überlieferten Brief vom 23. Mai 1764 und einige Tage später mit einem zweiten Brief bei »Argon«, wie der Leiter dieser Gesellschaft, der fünfzehnjährige Ludwig Carl Ernst Ysenburg von Buri, hieß, um die Aufnahme in den Bund beworben. Von André erwartete er eine entsprechende Fürsprache, die dann allerdings ohne den erhofften Erfolg blieb.

Auch André lag das neue Genre des Singspiels besonders am Herzen. In Frankfurt hatte Goethe wahrscheinlich eine Aufführung seiner Operette »Der Töpfer« erlebt. Er nahm daraufhin schon bald Verbindung mit dem Komponisten auf, und in enger Zusammenarbeit mit ihm entstand »Erwin und Elmire«. Der Offenbacher Musiker schrieb die gesamte Bühnenmusik zu diesem Stück, das ganz auf die Bedürfnisse des Theaters und seines Publikums zugeschnitten war. »Erwin und Elmire« wurde zunächst mit einigem Erfolg im Mai 1775 in Frankfurt von theaterliebenden Freunden, Laien also, aufgeführt. Im September präsentierte es die kurpfälzische Theatergruppe unter der Leitung von Theobald Marchand im Frankfurter »Junghof«. Auch in München und wenig später in Wien, wo das Stück am 13. Juli 1776 Premiere hatte, wurde es sehr freundlich aufgenommen. Das kleine Stück fand in den folgenden Monaten und Jahren großen Anklang und wurde zu einem der beliebtesten Singspiele der Zeit. So gab es in Berlin allein im Jahre 1782 zweiundzwanzig Vorstellungen. Die Melodien einiger Lieder wurden auf der Straße gesungen und gepfiffen und waren am Ende des 18. Jahrhunderts beliebte Schlager. Von der Musik Andrés kennen wir heute nichts mehr, und von Goethes Text ist den meisten nur noch das Lied vom Veilchen aus dem 1. Aufzug bekannt:

> Ein Veilchen auf der Wiese stand
> Gebückt in sich und unbekannt,
> Es war ein herzigs Veilchen.
> Da kam eine junge Schäferin
> Mit leichtem Schritt und munterm Sinn,

Daher! Daher!
Die Wiese her, und sang.

Ach denkt das Veilchen wär ich nur,
Die schönste Blume der Natur,
Ach! Nur ein kleines Weilchen.
Bis mich das Liebchen abgepflückt,
Und an dem Busen matt gedrückt,
Ach nur! Ach nur!
Ein Viertelstündchen lang.

Ach aber, ach! Das Mädchen kam,
Und nicht in Acht das Veilchen nahm,
Ertrat das arme Veilchen.
Und sank und starb und freut sich noch,
Und sterb ich denn, so sterb ich doch
Durch sie! durch sie
Zu ihren Füßen doch!

Überraschend ist die Tatsache, daß dieses Lied, von André als Terzett komponiert und in dieser Fassung längst vergessen, 1785 von Mozart als Klavierlied vertont wurde. Leider blieb es der einzige Goethe-Text, zu dem Mozart die Musik komponierte.

Eine zweite, in Verse gebrachte Fassung von »Erwin und Elmire« entstand in Italien unter dem Eindruck der Opera buffa. Aus dem Singspiel, dem Schauspiel mit Gesang, wurde nun das Libretto einer Spieloper im italienischen Stil. Goethe veränderte den dramatischen Ansatz des Sujets und arbeitete die gesprochenen Dialoge in Verse um in der Erwartung, daß sie, wie in der italienischen Oper üblich, als Secco-Rezitative, also nur durch das Cembalo begleitet, vertont würden. Für die Komposition war der von ihm geförderte Musiker Philipp Christoph Kayser aus Frankfurt (vgl. S. 55 ff.) vorgesehen, dem er im Juni 1784 aus Eisenach geschrieben hatte:

»Daß Sie die muntre Oper lieben und sich nach Arbeit sehnen freut mich beydes recht sehr. Ich bin immer für die Opera buffa der Italiäner und wünschte wohl einmal mit Ihnen ein Werckgen dieser Art zu Stande zu bringen.« Kayser scheiterte letztlich an der Aufgabe, ein größeres Libretto zu vertonen und eine wenn auch leichte und heitere umfangreiche Oper zu komponieren. Die Vertonung der Versfassung von »Erwin und Elmire« übernahm der Berliner Hofkapellmeister Johann Friedrich Reichardt, ohne daß der Dichter ihn beauftragt hatte. In dieser Fassung, die Goethe gefiel, wurde das Singspiel ein einziges Mal durch das Liebhabertheater der Weimarer Hofdame Louise von Göchhausen aufgeführt. An den großen Bühnen hingegen konnte sich diese Version von »Erwin und Elmire« nicht durchsetzen. Im Zusammenhang mit Überlegungen, aus dem Schauspiel »Der Groß-Cophta« ein Opernlibretto zu machen, schrieb Goethe am 29. Juli 1792 ernüchtert an Reichardt: »Allein da man das deutsche Theater und Publikum von innen und von außen kennt, wo soll man den Mut hernehmen auch nur zu einer solchen Arbeit und sollten Sie Ihre Bemühungen abermals verlieren, wie es bei Erwin und Elmire und bei Claudine gegangen ist, die man auf keinem Theater sieht.«

Bei der erwähnten Claudine handelte es sich um das Singspiel »Claudine von Villa Bella«, ein »Schauspiel mit Musik«, das etwa in derselben Zeit wie »Erwin und Elmire« entstand und dem ein ähnliches Schicksal widerfuhr. Die erste Fassung in Prosa, im Juni 1775 abgeschlossen, wurde von Carl Friedrich Siegmund von Seckendorff, einem Kammerherrn des Herzogs Carl August, vertont. Eine Aufführung durch das Weimarer Liebhabertheater indessen kam nicht zustande. In Italien begann Goethe mit der völligen Umarbeitung des Stücks, von dem 1788 eine auch inhaltlich veränderte dreiaktige Versfassung vorlag, die wiederum von Reichardt vertont wurde. Am 29. Juli 1789 wurde dieses neue Singspiel am Schloßtheater in Charlottenburg uraufgeführt – und fiel durch. Auch spätere Aufführungen konnten dem anmutig romantischen Singspiel zu keinem durchgreifenden Theatererfolg verhelfen, was weder am Stück noch an der Musik lag. Gegenüber Eckermann äußerte Goethe Jahrzehnte später die Überzeugung: »Wenn es gut gespielt wird, macht es sich gar nicht schlecht.« Es kam einfach keine zündende Inszenierung zustande.

Ende 1776 entstand das Singspiel »Lila«, dessen Lieder wiederum von Seckendorff vertont und das am 13. Januar 1777 zum Geburtstag der Herzogin Louise aufgeführt wurde. Das kleine Spiel »Jery und Bätely« verfaßte Goethe nach seiner zweiten Schweizreise, die er 1779 gemeinsam mit dem Herzog unternommen hatte. Auch hier wurden die Lieder und kleinen Arien von Freiherrn von Seckendorff vertont. Wohl im August 1781 schrieb Goethe »Die Fischerin«, deren Lieder die inzwischen in Weimar wirkende Schauspielerin und Sängerin Corona Schröter komponierte. Sie war auch die Hauptdarstellerin der ersten Aufführung im Juni 1782 in Tiefurt an der Ilm.

Bei all diesen Texten handelt es sich weniger um Librettos als um Schauspiele, in deren dramatische Handlung kleine Lieder oder Arietten eingeschoben sind. Fast alle Singspieltexte Goethes wurden mehrfach von verschiedenen Komponistinnen und Komponisten vertont. In der literarischen Qualität erheben sie sich weit über das damals übliche Niveau. Die musikalische Umsetzung ließ jedoch oft zu wünschen übrig und war, von einzelnen Liedern abgesehen, meist hausbacken und konventionell. Hinzu kamen Unzulänglichkeiten bei den Aufführungen. Häufig waren es Amateure, die sich dieser Stücke zuerst annahmen, doch auch die Inszenierungen professioneller Bühnen wurden ihnen nicht gerecht. So blieb Goethes Singspielen der Theatererfolg damals und heute versagt.

Wie schon in Frankfurt so hörte Goethe auch in Leipzig vor allem vokal ausgerichtete Musik. Während seiner Kindheit und frühen Jugend im Elternhaus umgab ihn vorwiegend Gesungenes. Das schlichte Lied daheim, eine Kantate im sonntäglichen Gottesdienst, die Arietten einer heiteren französischen Oper: der Gesang bestimmte die meisten musikalischen Ereignisse, an denen er teilnahm. Das änderte sich auch während seiner Studienzeit in Leipzig nicht wesentlich. Beim Musizieren im Freundeskreis um die Familie Breitkopf war der Gesang bestimmendes Element. Beim Besuch musikalischer Veranstaltungen lockte ihn eher das Musiktheater als das Konzert mit reiner Instrumentalmusik, zumal damals noch Programme ausschließlich mit Symphonien und Solokonzerten, wie wir sie heute kennen, eher selten waren. Zu einem großen Konzert für das bürgerliche Publikum gehörten immer auch Arien oder Kantaten. Die Programme der öffentlichen Konzerte waren stärker als in unseren Tagen mit Gesang, also mit Sprache, verbunden.

Das ist auch einer der Gründe, warum Goethe während seines ganzen Lebens die vokale Musik in der Form des Liedes, der Arie, der Kantate und der Oper bevorzugte. Für sein Nachdenken über Musik und für die Entwicklung seiner musikalischen Erlebnisfähigkeit war das von nicht zu unterschätzender Bedeutung. Die Vorliebe für den Gesang beeinflußte auch sein Dichten, und Gesang regte ihn unmittelbar zur poetischen Produktion an. Lieder gehörten zu Goethes ersten lyrischen Produktionen, und seine ersten dramatischen Versuche galten der Oper und dem Singspiel. Diese Ausrichtung formte nicht zuletzt seine Auffassung von der Beziehung zwischen Text und Musik sowie seine Vorstellung, wie ein Gedicht zu vertonen sei. Und sie wirkte noch sehr viel später in seinem naturwissenschaftlichen Denken nach, als er sich mit der Akustik befaßte und das erwähnte Schema einer Tonlehre entwickelte. Im Rahmen dieser akustischen und musiktheoretischen Überlegungen ist die menschliche Stimme zentrales Medium der Klangentwicklung. Von ihr aus sollte sich das theoretische Gebäude einer Akustik entfalten.

Ein Blutsturz im Juli 1768 zwang Goethe, sein Studium abzubrechen und Leipzig zu verlassen. Zwischen dem Weggang aus der sächsischen Metropole und der Fortsetzung des Studiums in Straßburg lag eine lange Zeit der Krankheit und der nachfolgenden Rekonvaleszenz, die Goethe im Elternhaus in Frankfurt verbrachte. Im Frühjahr 1770 nahm er seine Studien wieder auf, und zwar an der mit 500 Studenten vergleichsweise kleinen Universität Straßburg. In der deutsch-französischen Stadt an der Ill lebten damals etwa 43 000 Einwohner, für die Zweisprachigkeit alltäglich und die Doppelorientierung nach Frankreich und über den Rhein in die deutschen Länder hinein eine Selbstverständlichkeit war. Als der junge Mann Anfang April hier eintraf, bezog er nach kurzem Aufenthalt im Gasthof zum Geist eine Wohnung bei dem Kürschner und Pelzhändler Schlag am Alten Fischmarkt. Für den Mittagstisch schloß er sich der deutschen Tischgesellschaft bei den Schwestern Anne Marie und Suzanne Marguerite Lauth in der Knoblochgasse an. Dieser Runde gehörten u. a. der Medizinstudent Johann Heinrich Jung, dessen unter dem Namen Jung-Stilling veröffentlichte Lebensgeschichte von Goethe angeregt wurde, und Friedrich Leopold Weyland, ebenfalls Student der Medizin, der mit Goethe Reisen in das Unterelsaß unternahm und ihn in Sesenheim in die Familie des Pfarrers Brion einführte. Primus und Ältester der Tischrunde bei den Jungfern Lauth war Johann Daniel Salzmann, am Vormundschaftsgericht in Straßburg tätig, zu dem Goethe bald in ein freundschaftliches Verhältnis trat.

Der Aufenthalt in Straßburg und der neue Freundeskreis

um Salzmann vermittelten ihm neue musikalische Impulse. Schnell geriet er wieder in einen Kreis musikliebender und musikausübender Menschen. Nach seinen Kräften wirkte er im Ensemble der Freunde mit und nahm sogar bei einem Cellisten, den er in einem Hauskonzert gehört hatte, Unterricht im Spiel auf dem Violoncello. Diese Stunden waren insofern erfolgreich, als er es bis zu kleinen Duetten brachte, die er gemeinsam mit seinem Lehrer, dem Musikmeister Busch, spielte. In einem Brief vom 3. Februar 1772 bittet er seinen Mentor Johann Daniel Salzmann: »Wollen Sie bei Gelegenheit meinen Violoncellmeister Buschen fragen, ob er die Sonaten für zwei Bässe noch hat, die ich mit ihm spiele, sie ihm abhandeln und bald möglichst mir zuschicken. Ich treib die Kunst etwas stärker als sonst.« Auch nach seiner Rückkehr nach Frankfurt und noch während seiner Tätigkeit am Kammergericht in Wetzlar versuchte er sich auf dem Violoncello. Danach aber gab er es bald wieder auf.

In Straßburg faszinierte Goethe der gewaltige Bau des gotischen Münsters. In »Dichtung und Wahrheit« schildert er eindrücklich, wie dieses Meisterwerk auf ihn gewirkt hat. Er beschreibt Einzelheiten der architektonischen Fügung, verbindet das Ganze mit historischen Betrachtungen und verweist auf seine Überlegungen zum Kölner Dom. Sein Aufsatz »Von deutscher Baukunst« ist eine Frucht der damaligen Eindrücke und Empfindungen. Aber Straßburg und das Elsaß gaben dem Studenten noch andere Anregungen, die durchaus mit Musik in Verbindung standen. Während nach seiner Ansicht bei Bauwerken wie dem Straßburger Münster und der von ihm angeregten Vollendung des Kölner Doms die Zeit eine geringere Rolle spielt und man für das Weiterdenken und Weiterarbeiten auf »die Gelegenheit« warten kann, »so gibt es dagegen andere Dinge, die in der Jugend frisch, wie reife Früchte, weggenossen werden müssen. Es sei mir erlaubt [...] des Tanzes zu erwähnen, an den das Ohr, so wie das Auge an den Münster, jeden Tag, jede Stunde in Straßburg, im Elsaß erinnert wird.«

Goethe hatte die Grundlagen des Tanzes zusammen mit seiner Schwester Cornelia beim Vater gelernt. Er »unterwies uns auf das bestimmteste in den Positionen und Schritten, und als er uns weit genug gebracht hatte, um eine Menuet zu tanzen, so blies er auf einer Flute-douce uns etwas Faßliches im Dreiviertel-Takt vor, und wir bewegten uns darnach so gut wir konnten«. Während der Student Goethe beim Zwischenaufenthalt in Frankfurt, wohl auch wegen seiner Krankheit, kaum zum Tanzen kam, hatte er in Straßburg reichlich Gelegenheit dazu. »An Sonn- und Werkeltagen schlenderte man keinen Lustort vorbei, ohne daselbst einen fröhlichen Haufen zum Tanze versammelt, und zwar meistens im Kreise drehend zu finden. Ingleichen waren auf den Landhäusern Privat-Bälle, und man sprach schon von den brillanten Redouten des zukommenden Winters.« Um sich in der Kunst des Tanzens zu vervollkommnen, nahm Goethe bei einem französischen Tanzmeister in Straßburg einige Stunden Unterricht, was nebenher zu amourösen Komplikationen mit dessen Töchtern führte. Den Gesellschaftstanz hat Goethe auch weiterhin gepflegt, wozu er in den Weimarer Jahren am Hof wie im privaten Kreis reichlich Gelegenheit fand. Er galt als hervorragender Tänzer und war bei den Damen ein gesuchter Partner. Die Italienreise hat dann die jugendliche Tanzlust etwas gebremst, und erst Christiane Vulpius hat ihn wieder dazu angeregt. Bei festlichen Gelegenheiten hat Goethe bis ins hohe Alter getanzt.

Sein Tischgenosse Friedrich Leopold Weyland, mit dem er zu Pferd einige Ausflüge in das Unterelsaß unternahm, führte ihn an einem sonnigen Oktobertag 1770 bei der Pfarrersfamilie Brion in Sesenheim ein. Hier lernte er die älteste Tochter Friederike kennen und lieben und verlebte einige glückliche Monate, die als »Idyll von Sesenheim« in die Literaturgeschichte eingegangen sind. Auch in dem gastfreundlichen Pfarrhof des kleinen Dorfes begegnete ihm Musik, wohl aber eher in dilettantischer Form. Friederike spielte auf einem Fortepiano »mit einiger Fertigkeit, in der Art, wie man es auf dem Lande zu hören pflegt, und zwar auf einem Klavier, das der Schulmeister [...] schon längst hätte stimmen sollen«. Sie sang ihm Lieder vor, ihre »Elsässer- und Schweizerliedchen«, und es wurde ausgiebig getanzt. So erzählt er von einem ausgelassenen Fest am Pfingstmontag 1771. Dem Essen und Trinken folgten Gesellschafts- und Pfänderspiele im schattigen Pfarrgarten, und dann: »Die Hoffnung der Gesellschaft auf Musik wurde endlich befriedigt, sie ließ sich hören und alles eilte zum Tanz. Die Allemanden, das Walzen und Drehen war Anfang, Mittel und Ende. Alle waren zu diesem Nationaltanz aufgewachsen; auch ich machte meinen geheimen Lehrmeisterinnen [den Töchtern des Straßburger Tanzmeisters] Ehre genug, und Friederike, welche tanzte wie sie ging, sprang und lief, war sehr erfreut, an mir einen geübten Partner zu finden.« An Salzmann schrieb er noch von Sesenheim aus: »Getanzt hab ich und die Älteste Pfingstmontags, von zwey Uhr nach Tisch biss 12 Uhr in der Nacht, an einem fort, ausser einigen Intermezzos von Essen und Trincken.«

Der Theologe, Schriftsteller und Philosoph Johann Gottfried Herder weilte in Straßburg, um sich von einem Augenleiden kurieren zu lassen. Goethe fühlte sich zu ihm hingezogen, und es entspann sich eine anregende, wenn auch schwierige Beziehung. Die Wanderungen in die liebliche elsässische Landschaft mit Freunden und allein, seine Erlebnisse in Sesenheim und die Anregungen seines in Straßburg gewonnenen neuen Freundes Herder führten zu intensiver Begegnung mit Land und Leuten. Herder regte

ihn an, Zeugnisse der Volkspoesie im Elsaß aufzuspüren.
Goethe folgte dieser Anregung, und das Ergebnis war eine
Sammlung von zwölf elsässischen Volksliedern, die er im
September 1771 an Herder schickte. »Daß ich Ihnen geben
kann was Sie wünschen, und mehr als Sie vielleicht hoffen,
macht mir eine Freude, deren Sie mich so wenig, als eines
wahren Enthusiasmus fähig glauben können, nach dem Bilde
das Sie Sich einmal von mir haben machen müssen. Genug
ich habe noch aus Elsas zwölf Lieder mitgebracht, die ich
auf meinen Streiffereyen aus denen Kehlen der ältsten Müt-
tergens aufgehascht habe.« Goethe hatte sich die Texte dieser »aufgehaschten« Lieder aufgeschrieben und die Melodien eingeprägt. In Frankfurt wurden sie dann in Gemein-
schaftsarbeit mit Schwester Cornelia und mit Hilfe des
Klaviers in Noten umgesetzt. Während die Texte in Sammlungen erhalten sind, z. B. die »Ballade vom Lindenschmidt«
oder das »Lied vom eifersüchtigen Knaben«, gingen die Melodien verloren. Diese erste kleine Zusammenstellung regte
andere an, sich des Genres anzunehmen und Volkslieder zu
sammeln. Erster Höhepunkt einer im 19. Jahrhundert sich
verstärkenden Sammeltätigkeit war die Liedersammlung
»Des Knaben Wunderhorn«, 1806 herausgegeben von Achim
von Arnim und Clemens Brentano. Dort finden sich neben
den genannten Beispielen auch die meisten anderen Lieder
aus Goethes Sammlung.

Lied und Gesang waren es, die Goethes Wahrnehmung
von Musik durchgängig bestimmten. Auch diese Beschäftigung mit Liedern aus dem Volk, die er lebenslang fortsetzte und die sich auch immer wieder in seinen Dichtun-
gen niederschlug, prägte seine Einstellung zur Musik und
beeinflußte sein lyrisches Schaffen, man denke nur an die
Gedichte und Lieder, die im Umkreis von Sesenheim und
Friederike Brion entstanden. Hier liegen die Wurzeln seiner
Auffassung, daß das Lied auch in der musikalischen Gestal-

tung seinen Strophencharakter nicht verlieren darf, daß im wahren Lied Text und Melodie eine Einheit bilden, dem Text aber sein Recht nicht genommen werden darf, daß die Musik die Aussagen des Textes stützen und verstärken, aber nicht durch übermäßige Expressivität zurückdrängen darf. Goethe bevorzugte in der musikalischen Gestaltung seiner Gedichte das eher schlichte, in Strophen gegliederte gegenüber dem durchkomponierten Lied, und er schätzte Kompositionen, die dem Text sein Recht lassen. Das erklärt möglicherweise auch seine Zurückhaltung gegenüber den Kompositionen von Franz Schubert.

Neue Impulse in Italien

Heimlich, bei Nacht und Nebel, bestieg am 3. September 1786 im böhmischen Karlsbad ein Mann namens Philipp Möller die Postkutsche und reiste in einer für die damaligen Verhältnisse ziemlich kurzen Zeit durch Süddeutschland und über den Brenner nach Italien. Nach nur acht Tagen, am 11. September schon, erreichte er Rovereto im Trentino. Zwei Tage später geriet dieser Philipp Möller bei der Besichtigung der Schloßruine von Malcesine am Gardasee in den Verdacht, ein Spion des österreichischen Kaisers zu sein. Nur mit Mühe konnte er seiner Verhaftung durch die Behörden der Republik Venedig entgehen. Hinter dem als Pseudonym gewählten Allerweltsnamen Philipp Möller verbarg sich niemand anderes als Johann Wolfgang von Goethe, der Geheime Legationsrat und kommissarische Kammerpräsident am Hofe in Weimar. Eine anders nicht aufzulösende Krise hatte den arrivierten Dichter und geachteten Staatsbeamten am kleinen, aber nicht unbedeutenden Hof von Sachsen-Weimar bewogen, sein bisheriges Umfeld fluchtartig zu verlassen und den Aufbruch in eine ganz andere Welt zu wagen. Mehr und mehr hatte ihn die Fülle der amtlichen Aufgaben belastet, die er mit Ernst und großem Fleiß anging, die ihn aber auch Zeit und Kraft kosteten. Die mehr als zehnjährige Tätigkeit als hoher Beamter am Hofe Carl Augusts hatte sein poetisches Schaffen gehemmt. Viele Pläne konnten nicht verwirklicht werden, anderes blieb fragmentarisch liegen. Er war sich seines Dichtertums nicht mehr sicher. Nicht zuletzt bedrückte ihn das Verhältnis zu seiner älteren Freundin Charlotte von Stein, das ihm aus Anleitung, Führung und Stütze zur Last geworden war. Eine weitere Entwicklung dieser Beziehung schien ihm aussichtslos. All das Bedrückende, ja Qualvolle ließ er mit dieser auch für seine engsten Freunde überraschenden Reise hinter sich.

Italien kannte Goethe seit seinen Jugendtagen in Frankfurt aus den Erzählungen des Vaters und von den Bildern, die er im Elternhaus betrachten konnte. Es war das Land einer lange gehegten Sehnsucht. So schnell wie möglich wollte er Rom, die »Hauptstadt der Welt«, erreichen. »Über das Tyroler Gebirg bin ich gleichsam weggeflogen. Verona, Vicenz, Padua, Venedig habe ich gut, Ferrara, Cento, Bologna flüchtig und Florenz kaum gesehen. Die Begierde nach Rom zu kommen war so groß, wuchs so sehr mit jedem Augenblicke, daß kein Bleibens mehr war, und ich mich nur drei Stunden in Florenz aufhielt.« Fast zwei Jahre blieb er in Italien. Er besuchte Venedig und viele andere Städte des Nordens, und er gelangte bis nach Sizilien. Die meiste Zeit aber hielt er sich in Rom auf, dem eigentlichen Ziel seiner Wünsche: vier Monate auf der Hinreise nach Sizilien und nahezu elf Monate nach der Rückkehr aus dem Süden.

Italien war für Goethe in jeder Hinsicht ein einschneidendes Erlebnis. Als er am 18. Juni 1788 wieder in Weimar eintraf, war er ein anderer Mensch. Die intensive Berührung und Auseinandersetzung mit dem mediterranen Land, mit seiner Landschaft und seinen Menschen, seiner Geschichte und seiner Kunst, vor allem aber die Begegnung mit der Antike vertiefte sein Welt- und Selbstverständnis und richtete sein Fühlen und Denken auf neue Horizonte. Mit dieser Reise war auch endlich das Erziehungsprogramm seines Vaters erfüllt. Das Land seiner Sehnsucht hatte sich ihm erschlossen, nicht als einem nur Anschauenden und Verstehenden, sondern als einem, der teilnahm und genoß. Das römische Leben erfaßte ihn, er gestaltete es in dem Kreis der Künstler, in dem er in Rom in der Via del Corso lebte, auf seine Weise aktiv mit und gab ihm sein unverwechselbares Gepräge.

Der Aufenthalt in Italien und vor allem in Rom brachte ihn fast überall, sozusagen auf Schritt und Tritt, mit dem reichen Musikleben dieses Landes in Berührung. Die Wahrnehmung der italienischen Volksmusik, regelmäßige Theaterbesuche und das Erleben der katholisch geprägten Kirchenmusik im Umfeld des Vatikans bestätigten in vielem seine Einstellung, erweiterten seine Kenntnisse und vertieften seine Wahrnehmung. Der italienische Volksgesang, wie er ihn vor allem in Venedig und in Rom kennenlernte, bestärkte und erweiterte zugleich seine Auffassung von Volksmusik. In Venedig kam er zum erstenmal mit einer ihm bis dahin unbekannten Art des Volksgesangs in Berührung. Inzwischen vornehmlich für die Touristen praktiziert, ließ er in seiner Ausführung noch erkennen, daß er ursprünglich ganz praktischen Zwecken der Kommunikation gedient hatte. Es waren die auch schon von anderen Reisenden beschriebenen Wechselgesänge der Gondolieri und der Fischer an der Lagune. Für den 6. Oktober hatte sich Goethe eigens diesen Gesang der Gondelführer bestellt, von dessen Eigentümlichkeit und Ursprünglichkeit er gehört hatte. In der »Italienischen Reise« schildert er das Erlebnis und beschreibt den Gesang ziemlich genau: »Auf heute Abend hatte ich mir den famosen Gesang der Schiffer bestellt, die den Tasso und Ariost auf ihre eigenen Melodien singen. Dieses muß wirklich bestellt werden, es kommt nicht gewöhnlich vor, es gehört vielmehr zu den halb verklungenen Sagen der Vorzeit. [...] Die Melodie [...] ist eine Mittelart zwischen Choral und Rezitativ, sie behält immer denselbigen Gang, ohne Takt zu haben; die Modulation ist auch die-

53

selbige, nur verändern sie, nach dem Inhalt des Verses, mit einer Art von Deklamation, sowohl Ton als Maß.« In Zwiegesängen von Frage und Antwort gehen die Stimmen hin und her. Möller-Goethe steigt aus seiner Gondel und wandelt des besseren Höreindrucks wegen zwischen den Singenden einher. Sein Begleiter erklärt ihm schließlich den ganz praktischen Sinn dieses Gesangs, mit dem die am Ufer zurückgebliebenen Frauen der Fischer den Kontakt zu ihren Männern auf dem Wasser herstellen: »Sie haben die Gewohnheit, wenn ihre Männer aufs Fischen ins Meer sind, sich ans Ufer zu setzen, und mit durchdringender Stimme, Abends, diese Gesänge erschallen zu lassen, bis sie auch von Ferne die Stimme der ihrigen vernehmen, und sich so mit ihnen unterhalten.« Und er fügt hinzu: »Ist das nicht sehr schön? Und doch läßt sich wohl denken, daß ein Zuhörer in der Nähe, wenig Freude an solchen Stimmen haben möchte, die mit den Wellen des Meeres kämpfen.«

Auch in Rom hörte Goethe das Volk auf der Straße und in den Gassen singen und spielen. Er erlebte laue Sommernächte voller Musik: »Es ist schon weit in der Nacht und man merkt es nicht, denn die Straße ist voll Menschen, die singend, auf Zittern und Violinen spielend, miteinander wechselnd, auf und abgehn.« Einige Zeilen weiter schildert er eine andere römische Nacht: »Die Mondnächte sind ganz unglaublich schön; der Aufgang, eh' sich der Mond durch die Dünste heraufgearbeitet hat, ganz gelb und warm, come il Sole d'Inghilterra [wie die Sonne Englands], die übrige Nacht klar und freundlich. Ein kühler Wind und alles fängt an zu leben. Bis gegen Morgen sind immer Partieen auf der Straße die singen und spielen, man hört manchmal Duette, so schön und schöner als in einer Oper oder Konzert.« Es ist zweifelhaft, ob hier Volkslieder der Art gesungen wurden, wie er sie im Elsaß aufgenommen hatte. Und ein Großteil der Straßenmusik war sicher auch nicht Volksmusik in unserem heutigen Verständnis. Doch es war Volksgesang und Musik des Volkes, die Goethe bei diesen Gelegenheiten hörte.

Für sein weiteres Musikverständnis und sein künftiges Musikhören war die Begegnung mit der italienischen Musikbühne und mit der Kirchenmusik im Umfeld des Vatikans entscheidend. Als Protestant sah er den römisch-katholischen Ritus und den damit verbundenen Pomp zwar kritisch, zugleich aber zog ihn die Pracht und Feierlichkeit ebenso an wie die lange Geschichte, die sich darin ausdrückte. Mehrfach besuchte Goethe musikalisch ausgestaltete Messen und Musikdarbietungen im Rahmen kirchlicher Feiern in der Sixtinischen Kapelle des Vatikans und in anderen Kirchen Roms. In Deutschland hatte in der zweiten Hälfte des 18. Jahrhunderts ein Niedergang in der protestantischen Kirchenmusik eingesetzt. Das Denken der Aufklärung, die fundamentalistische Dogmatik des Pietismus und die eher gefühlsbetonte Welt der Empfindsamkeit konnten der Kirchenmusik weder in textlicher noch in musikalischer Hinsicht weiterführende Impulse geben. Ein Neuansatz in der protestantischen Kirchenmusik zeigte sich erst wieder in den geistlichen Werken Felix Mendelssohn Bartholdys. In Italien erlebte Goethe eine frühbarocke Sakralmusik römisch-katholischer Prägung, die ihn in ihrer A-capella-Schlichtheit und ihrer subtilen Polyphonie tief beeindruckte. Sie vermochte seine zunehmend distanzierte Haltung zum Christentum nicht zu verändern, im Gegenteil, doch sie öffnete ihm neue, bisher unbekannte musikalische Welten.

Bei seiner Begegnung mit der römischen Kirchenmusik war ihm der sechs Jahre jüngere Musiker und Komponist Philipp Christoph Kayser eine große Hilfe. Kayser, der als Musiklehrer in Zürich tätig war, stammte ebenfalls aus Frankfurt – sein Vater war dort Kantor an der Katharinenkirche –, und Goethe hatte ihn, den er seit seiner frühen Jugend kannte, zur Verwirklichung seiner Singspielpläne nach Italien eingeladen. Kayser hatte bereits den Text zum Singspiel »Scherz, List und Rache« vertont und arbeitete an einer Bühnenmusik zum »Egmont«. Das Notenmaterial brachte er nach Rom mit, um die schon fertigen Teile Goethe vorzuspielen. Vor allem aber sollte er die Musik zu den Singspielen komponieren, die Goethe neu geschrieben oder aus bereits vorhandenen Texten umgearbeitet hatte, »Erwin und Elmire« und »Claudine von Villa Bella«. Anfang November 1787 traf Kayser in Rom ein. Ein Pianoforte wurde beschafft, und der Musiker machte sich an die Arbeit. Obwohl eher von schüchternem und zurückhaltendem Naturell, fügte sich Kayser offenbar gut in die bunte Gesellschaft von Künstlern und Poeten, in deren Kreis Goethe lebte. Wie munter es im Haus in der Via del Corso zuging, schilderte er am 16. Februar 1788 in einem Brief an Charlottes Sohn Fritz von Stein: »Unsere kleine Haushaltung geht recht ordentlich. Herr Kayser komponirt die Symphonie, die Lieder und Zwischenspiele zu Egmont. Herr Schütz von Frankfurt malt ein Bild und zeichnet mancherlei. Herr Bury von Hanau, sonst Fritz der Zweite, macht Zeichnungen nach Michael Angelo in der Kapelle Sixtina. Unsre Alte kocht, unser Alter (der Vater von Filippo) schleicht herum, die hinckende Magd schwätzt mehr als sie thut, ein Bedienter, der ein Ex-Jesuit ist, bessert die Röcke aus und wartet auf, und das Kätzchen kriegt viele Lerchenköpfe, die oft gegessen werden.« Die Beschäftigung mit bildender Kunst und Literatur wurde nun ergänzt durch das Erleben und Reflektieren von Musik, und Kayser war ihm dabei eine wichtige Hilfe: »Kayser ist nun da und es ist ein dreifach Leben, da die Musik sich anschließt. Es ist ein trefflich guter Mann und passt zu uns, die wir wirklich ein Naturleben führen, wie es nur irgend auf dem Erdboden möglich ist.«

GOETHE IN SEINEM RÖMISCHEN FREUNDESKREIS

Federzeichnung von Friedrich Bury
Goethe-Museum, Düsseldorf. Foto: Walter Klein

Vor der Staffelei vermutlich Friedrich Bury selbst, Goethe ihm
gegenüber wird, halb schon sitzend, von Karl Philipp Moritz
in Position gebracht. Rechts im Bild, eine Prise Schnupftabak
nehmend, der Hofrat von Rußland und Sachsen-Gotha
Johann Friedrich Reiffenstein. An der Säule steht skizzierend
der Maler Wilhelm Tischbein.

Kayser versuchte also nicht nur die Arbeit an den Singspielen zu befördern. Seine Anwesenheit trug dazu bei, daß Goethe seinen musikalischen Gesichtskreis erweiterte und Zugang zu der Musik fand, die er in den Kirchen Roms hörte. »Die Gegenwart unseres Kaisers erhöhete und erweiterte nun die Liebe zur Musik, die sich bisher nur auf theatralische Exhibitionen eingeschränkt hatte. Er war sorgfältig die Kirchenfeste zu bemerken, und wir fanden uns dadurch veranlaßt auch die an solchen Tagen aufgeführten solennen Musiken mit anzuhören.« Mit Hilfe des herbeigeschafften und gestimmten Klaviers wurden die Besuche in der päpstlichen Kapelle vor-, aber auch nachbereitet. Kayser erläuterte Goethe die Kirchenmusik, die ihn jeweils erwartete, spielte ihm Ausschnitte auf dem Klavier vor und machte ihm die Kompositionsweise transparent. »Morgen frühe ist päpstliche Kapelle und die famosen alten Musiken fangen an, die nachher in der Karwoche auf den höchsten Grad des Interesse steigen. Ich will nun jeden Sonntag frühe hin, um mit dem Styl bekannt zu werden. Kayser, der diese Sachen eigentlich studiert, wird mir den Sinn wohl darüber aufschließen. Wir erwarten mit jeder Post ein gedrucktes Exemplar der Gründonnerstag-Musik, von Zürich, wo sie Kayser zurück ließ. Sie wird alsdann erst am Klavier gespielt und dann in der Kapelle gehört.« Der anschließende Besuch einer Messe in der Sixtinischen Kapelle Ende Februar 1788 war so gut vorbereitet. Goethes Bericht schildert aber nicht nur die Musik, die er bei dieser Gelegenheit hörte. Es wird auch erneut deutlich, wie wichtig die vorbereitende Arbeit Kaysers war, die dem Dichter unmittelbaren Nutzen gewährte.

»Sonntags gingen wir in die Sixtinische Kapelle, wo der Papst mit den Kardinälen der Messe beiwohnte. [...] Es ward ein altes Motett, von einem Spanier Morales komponiert, gesungen, und wir hatten den Vorschmack von dem was nun kommen wird. Kayser ist auch der Meinung: daß man diese Musik nur hier hören kann und sollte, teils weil nirgends Sänger ohne Orgel und Instrument auf einen solchen Gesang geübt sein könnten, teils weil er zum antiken Inventario der päpstlichen Kapelle und zu dem Ensemble Michel-angelos, des jüngsten Gerichts, der Propheten und biblischen Geschichte einzig passe. Kayser wird dereinst über alles dieses bestimmte Rechnung ablegen. Er ist ein großer Verehrer der alten Musik und studiert sehr fleißig alles was dazu gehört. So haben wir eine merkwürdige Sammlung Psalmen im Hause; sie sind in Italiänische Verse gebracht und von einem Venetianischen Nobile, Benedetto Marcello, zu Anfang dieses Jahrhunderts in Musik gesetzt. Er hat bei vielen die Intonation der Juden, teils der spanischen teils der deutschen, als Motiv angenommen, zu andern hat er alte griechische Melodien zu Grunde gelegt und sie mit großem Verstand, Kunstkenntnis und Mäßigkeit ausgeführt. Sie sind teils als Solo, Duett, Chor gesetzt und unglaublich original, ob man gleich sich erst einen Sinn dazu machen muß. Kayser schätzt sie sehr und wird einige daraus abschreiben.« Goethe hatte beim Hören das Empfinden, daß die polyphonen Klänge des Renaissancekomponisten Christobal de Morales gut zum Interieur der Sixtinischen Kapelle und zu den Kunstwerken Michelangelos paßten. Die Musik war ihm unmittelbar verständlich und ließ ihn die Capella Sixtina als künstlerische Einheit von Architektur, Malerei und Musik erleben.

Der Zugang zu den erwähnten Psalmmotetten Benedetto Marcellos war da schon schwieriger. Der 1669 als Sohn eines venetianischen Patriziers geborene Marcello war Advokat in Venedig und gehörte von 1716 bis 1730 zum Rat der Vierzig der Republik Venedig. Später wurde er Ratsherr in Brescia, wo er 1739 starb. Die Musik betrieb er neben seiner Beamtenkarriere als durchaus erfolgreicheLiebhaberei. Innerhalb seines umfangreichen Œuvres, das Opern, Kantaten, Sinfonien und Kammermusik umfaßt, beanspruchen die von Goethe erwähnten Psalmmotetten den Rang eines Hauptwerks. Für eine bis vier Stimmen geschrieben, sind es Vertonungen von 50 Psalmnachdichtungen des Girolamo Ascano Giustiniani. Für die ersten zwölf Psalmen verwendete Marcello Motive jüdischer Musik aus der Synagoge. Die Psalmenvertonungen wurden 1724 bis 1728 in acht Bänden in Venedig veröffentlicht. Goethe hörte die Musik in Rom zum erstenmal. Der Komponist hat ihn auch später noch (1810) in seinen musikalischen Briefgesprächen mit Zelter beschäftigt.

Neben dem Venezianer Benedetto Marcello und dem Spanier Christobal de Morales erwähnt Goethe in seinen Briefen und Berichten aus Italien vor allem Giovanni Pierluigi da Palestrina. Mitte März 1788 hörten Goethe und Kayser während des Besuchs einer sonntäglichen Messe in der Sixtinischen Kapelle »ein Motett von Palestrina«. Am darauffolgenden Dienstag wohnten sie am selben Ort den Proben für die feierliche Karfreitagsmusik bei. »Dienstag wollte uns das Glück daß man zu Ehren einer Fremden verschiedene Teile der Karwochs-Musik in einem Saale sang. Wir hörten sie also mit größter Bequemlichkeit und konnten uns, da wir sie so oft am Klavier durchsangen, einen vorläufigen Begriff davon machen. Es ist ein unglaublich großes simples Kunstwerk, dessen immer erneuerte Darstellung sich wohl nirgends als an diesem Orte und unter diesen Umständen erhalten konnte.« Am Karfreitag selbst nahmen Goethe und Kayser in der Sixtinischen Kapelle an der Messe teil, in der auch Palestrinas Improperien aus dem Jahre 1560 erklangen. Improperien nennt man die Klagen Christi über die Undankbarkeit des Volkes Israel. Sie gehörten zur damaligen Karfreitagsliturgie und wurden im Wechsel zwischen Liturg und Chor gesungen.

Bei dieser Gelegenheit hörte Goethe auch das berühmte neunstimmige Miserere von Gregorio Allegri, einem Komponisten zwischen Renaissance und Barock aus dem Umfeld der päpstlichen Kapelle. Diese Motette war ausschließlich der Musik in der Sixtina während der Karwoche vorbehalten. Um das Notenmaterial vor der Weiterverbreitung und dem unbefugten Abschreiben zu schützen, wurde es im Vatikan unter Verschluß gehalten. Es ist dasselbe Miserere, von dem erzählt wird, daß es Mozart auf seiner Italienreise 1771 allein nach dem Gehör aufgeschrieben habe. »Die Kapell-Musik ist undenkbar schön. Besonders das Miserere von Allegri und die sogenannten Improperien, die Vorwürfe welche der gekreuzigte Gott seinem Volke macht. Sie werden Karfreitags frühe gesungen. Der Augenblick wenn der aller seiner Pracht entkleidete Papst vom Thron steigt, um das Kreuz anzubeten, und alles übrige an seiner Stelle bleibt, jedermann still ist, und das Chor anfängt: Populus meus quid feci tibi? [Mein Volk, was habe ich dir getan?] Ist einer der schönsten unter allen merkwürdigen Functionen.« Soweit die Noten zur Verfügung standen, hatte Kayser auch diese Kirchenmusik mit Goethe am Klavier vorbereitet. Vor allem aber im Anschluß an die Kirchenbesuche wurde das Gehörte noch einmal nachgearbeitet und vertieft. Dadurch gewann Goethe einen Einblick in die Struktur und Kompositionsweise insbesondere der Musik von Palestrina und Marcello. Auch der Name Palestrina taucht später noch einmal auf, als Freund Zelter Mitte 1828 auf ihn als den Begründer der immer noch gültigen Harmonielehre verweist.

Die Berichte über die kirchenmusikalischen Hörerlebnisse in der »Italienischen Reise« beziehen sich fast alle auf den zweiten Aufenthalt in Rom, das heißt auf die Zeit nach Kaysers Ankunft. Wie wichtig Goethe dieser Musiker war, geht auch aus einem Brief an Carl August vom 17. November 1787 hervor: »Durch ihn genieße ich auch erst die hiesige Musik, weil sich doch nichts in der Welt ohne wahre, innere Kenntnis recht genießt.«

Philipp Christoph Kayser sollte Goethe indessen nicht nur in die Kirchenmusik im Umfeld des Vatikans einführen. Seine Hauptaufgabe war die Vertonung der Goetheschen Singspiele. Die Versuche, ein geeignetes Libretto zu schreiben, das bestimmte dramatische und sprachliche Kriterien erfüllte und trotzdem das Publikum überzeugte, waren beileibe nichts, was Goethe zwischen seinen ernsthaften Werken so nebenbei betrieb. Über zwanzig Jahre machten sie den Großteil seiner poetischen Produktion aus. Die Liste dieser Singspieltexte, von verschiedenen aus heutiger Sicht mittelmäßigen Komponisten vertont, ist beachtlich, wenn ihnen auch der Aufführungserfolg über Weimar hinaus weitgehend versagt blieb. Lediglich die Vertonungen des Berliner Komponisten Johann Friedrich Reichardt waren auch außerhalb Weimars und für eine längere Zeit erfolgreich.

In Italien mußte Goethe erkennen, daß Mozart mit seiner 1782 in Wien uraufgeführten und 1785 in Weimar herausgebrachten »Entführung aus dem Serail« einen Maßstab gesetzt hatte, an dem sich die Weiterentwicklung des deutschen Singspiels messen lassen mußte. Der Komponist Kayser, auf den er so gehofft hatte, bildete da erst recht keine Ausnahme. Der dauerhafte Erfolg der von ihm mit Musik versehenen Goetheschen Singspiele blieb aus. Letztlich lag es am kompositorischen Unvermögen Kaysers und seiner Unfähigkeit, die Libretti nach dem Wunsch Goethes im italienischen Stil, also durchkomponiert, zu vertonen. Auf Grund seiner musikalischen Erlebnisse in Italien hatte Goethe erkannt, daß die italienische Opera buffa in ihren musikalischen Möglichkeiten weitreichender und vielfältiger war als das Singspiel im norddeutschen Stil, wie es ihm vertraut war.

Goethes Kritik an Kayser am Beispiel der Vertonung von
»Scherz, List und Rache« war vorsichtig, aber unerbittlich
und schloß eine Selbstkritik des Textdichters durchaus ein.
»Leider war ich mit Freund Kaiser seit geraumer Zeit schon
in einem Unternehmen befangen, das nach und nach immer
bedenklicher und weniger ausführbar schien. [...] Nun
hatte Kaiser die Arien ausführlich nach altem Schnitt behandelt und man darf sagen stellenweise glücklich genug,
wie nicht ohne Anmut des Ganzen. Allein wie und wo
sollte das zur Erscheinung kommen? Unglücklicherweise
litt es, nach frühern Mäßigkeits-Prinzipien, an einer Stim-
menmagerkeit; es stieg nicht weiter als bis zum Terzett, und
man hätte zuletzt die Theriaksbüchsen des Doktors gern
beleben mögen um ein Chor zu gewinnen. Alles unser
Bemühen daher, uns im Einfachen und Beschränkten abzu-
schließen, ging verloren als Mozart auftrat, Die Entführung
aus dem Serail schlug alles nieder und es ist auf dem Theater
von unserm so sorgsam gearbeiteten Stück niemals die
Rede gewesen.« Daß die schöpferische Kraft Kaysers einfach nicht ausreichte, zeigte sich auch an den bereits fertigen Teilen der Schauspielmusik zu »Egmont«.

Während seines gesamten Aufenthalts in Italien, nicht
nur in Rom, besuchte Goethe das Theater. Er sah Trauer-
spiele und Komödien, Farcen und italienische Schelmen-
spiele, er hörte Opern und die neu aufgekommenen Intermezzi mit Musik. Für die Opernbesuche hatte er von
Frankfurt, Leipzig und Weimar her genug Vergleichsmög-
lichkeiten zur Hand, und er konnte seine schon umfäng-
lichen Erfahrungen mit dieser Musiksparte ausweiten.
Wenn er in der »Italienischen Reise« von der Oper spricht,
ist trotz des Aufkommens neuer Entwicklungen die in Italien immer noch vorherrschende Opera seria gemeint. An
ihr konnte er nicht das rechte Gefallen finden. »Die Opern
unterhalten mich nicht, nur das innig und ewig Wahre kann

mich nun erfreuen.« Ende Dezember 1787 schrieb er an
Herzog Carl August aus Rom: »Vier große und ein halb-
dutzend kleine Theater sind aufgegangen, rezitieren, singen, tanzen um die Wette. Die große Oper in Aliberti hat
mich den ersten Abend erschröcklich sekkiert [gequält].
Alle Elemente waren da: Theater, Dekorationen, Lichter,
Sänger, Tänzer, Kleider, Musik pp und alles mehr durch
Gewohnheit, als durch einen frischen Geist belebt. Die
Mittelmäßigkeit eines so zusammengesetzten, großen, bril-
lanten Gegenstandes war unerträglich.« Und an Charlotte
von Steins Sohn Friedrich berichtete er im Januar 1787 von
einem Opernbesuch in Rom, der ihm offenbar nicht viel
Freude gemacht hatte. Nach der Schilderung eines großen
Schweineschlachtens – »neulich sahen und hörten wir 1000
Schweine in einem engen Bezirk abschlachten« – und des
damit verbundenen Lärms erzählt er von dem Theaterbesuch: »Dann war ich auch in einer ersten Vorstellung einer
Oper, wo das Parterre noch einen größeren Lärm machte
als die 1000 Schweine [...] Alexander in Indien hat mir
Langeweile gemacht. Dagegen war das Ballett, die Erobe-
rung von Troja recht schön.« Bei »Alexander in Indien« und
dem erwähnten Ballett handelte es sich um Kompositionen
des Neapolitaners Pasquale Anfossi. Anfossi hatte 1763
seine erste Oper in Rom herausgebracht, war später am
Conservatorio dell'Ospedaletto in Venedig tätig und hatte
mit den meisten seiner 76 Opern Erfolg, bevor er sich, wieder nach Rom zurückgekehrt, ganz der Komposition von
Kirchenmusik widmete.

Die barocke Blütezeit der Opera seria, deren Protagoni-
sten fast immer aus der Welt der unfehlbaren Götter oder
der edlen Helden stammten, war offensichtlich vorbei, was
auch Goethe so empfand. Neue Impulse für die Entwicklung der Oper waren schon im 17. Jahrhundert aus Venedig
und Neapel gekommen. Sie betrafen sowohl das Musika-

lische, wie etwa die Einführung der Rezitative und die Neigung zu stärker virtuos gestalteten Arien, als auch die Sujets der Libretti. Im Spätbarock entwickelte sich in Venedig die Volksoper mit oft witzigen oder derben Stoffen, aus Neapel kam die eher lyrisch ausgerichtete und von der melodischen Linie geprägte Oper, in der der Belcanto in ausgedehnten Arien im Mittelpunkt stand und die nach wie vor ihre Stoffe vorwiegend aus dem Bereich der Götter- und Heldenwelt nahm. Beide Typen hatten sich schnell in ganz Europa verbreitet, und der italienische Stil bestimmte das Operngeschehen auf den Musikbühnen in den Residenzen und an den Fürstenhöfen weit über Italien hinaus.

Während in Venedig für die Opern zunehmend Sujets aus dem Volksleben gewählt wurden, entwickelte sich die heitere Oper in Süditalien aus Pausenfüllern. Vor allem in Neapel wurden die einzelnen Akte der großen Oper durch kleine lustige Szenen mit Musik unterbrochen, die ihre Wurzel oft im traditionellen italienischen Schelmenspiel mit Harlekin, Colombine und Scarpino hatten. Aus diesen »Intermezzi« entwickelten sich zunächst kleine Singspiele und später im Laufe des 18. Jahrhunderts die Opera buffa, das heitere Gegenstück zur ernsten bzw. tragischen Opera seria. Die musikalischen Mittel dieser heiteren Opern wurden zu wesentlichen Teilen von der neapolitanischen großen Oper übernommen. Secco-Rezitative, vom Belcanto geprägte Arien und Ensembleszenen machten diesen italienischen Stil aus. Sie unterschieden sich daher grundlegend vom deutschen Singspiel, das zumindest in seiner Entstehungszeit eher ein Schauspiel mit Musik war. Giovanni Battista Pergolesi gehörte zu den ersten, die den neuen Typus der Oper einführten. Diese italienische Opera buffa, die sich nicht nur aus den Intermezzi schnell zu einer eigenständigen Gattung entwickelte, begeisterte Goethe. Hier sah er wahrscheinlich auch seine Vorstellungen von einem deutschen Singspiel verwirklicht. In Italien hat er wohl schon Pergolesis »La Serva Padrona« sowie einige der heiteren Opern von Domenico Cimarosa und Giovanni Paisiello gesehen. Manches Stück aus den Intermezzi, die er beim Besuch einer großen Oper gehört hatte, ließ er sich in seiner römischen Wohnung vorspielen oder vorsingen. Im Juli 1787 berichtete er: »Ich weiß nicht ob ich ein Wort von dem Konzert sagte das ich zu Ende voriger Woche gab. Ich lud diejenigen Personen dazu die mir hier manches Vergnügen verschafft haben, und ließ durch die Sänger der komischen oper die besten Stücke der letzten Intermezzen aufführen. Jedermann war vergnügt und zufrieden.«

Besonderen Gefallen fand Goethe an den Opern von Domenico Cimarosa. An Kayser in Zürich schrieb er im Sommer 1787, bevor er ihn nach Rom holte: »In der komischen Oper hab ich oft Gelegenheit an Sie zu denken. Cimarosa unterhält uns noch und lockt uns ohngeachtet der Hitze ins Theater. Ich wünsche Sie recht herzlich an meine Seite und was ich bei der Musik denke und empfinde ist wie an Sie gerichtet.« In der »Italienischen Reise« beschreibt er diesen Theaterbesuch im Bericht zum 31. Juli 1787 etwas genauer: »Nachts in die komische Oper. Ein neues Intermezz L'Impresario in angustie [Der Impresario in Ängsten] ist ganz fürtrefflich und wird uns manche Nacht unterhalten, so heiß es auch im Schauspiele sein mag. Ein Quintett, da der Poeta sein Stück vorliest, der Impresar und die prima donna auf der einen Seite ihm Beifall geben, der Komponist und die Seconda donna auf der andern ihn tadeln, worüber sie zuletzt in einen allgemeinen Streit geraten, ist gar glücklich. Die als Frauenzimmer verkleideten Kastraten machen ihre Rollen immer besser und gefallen immer mehr. Wirklich für eine kleine Sommertruppe die sich nur so zusammengefunden hat, ist sie recht artig. Sie spielen mit großer Natürlichkeit und gutem Humor. Von der Hitze stehen die armen

Teufel erbärmlich aus.« Wir erfahren hier zugleich etwas über die damalige italienische Opernpraxis. Alle Rollen wurden von Männern dargestellt, so daß Goethe noch die letzten Kastraten für die weiblichen Rollen hören konnte.

Cimarosa stand auch im Mittelpunkt eines Konzerts, das Goethe und seine Freunde in ihrer römischen Wohnung zu Ehren der Malerin Angelica Kauffmann veranstalteten. Bei diesem Konzert, zu dem außer dem Ehepaar Kauffmann – Angelica hatte nach einer gescheiterten Ehe 1781 den Maler Antonio Zucchi geheiratet – weitere Freunde und Bekannte eingeladen waren, wirkte neben den Sängern und Instrumentalisten eines benachbarten Opernhauses auch der zur Fortbildung in Rom weilende Konzertmeister der Weimarer Hofkapelle, der Violinist Johann Friedrich Kranz, mit. Kranz, der 1799 als Hofkapellmeister nach Stuttgart ging, hatte schon im Januar 1787 in Goethes römischer Wohnung ein kleines Konzert gegeben. Der Musikabend für Angelica Kauffmann, die nach Goethes Aussage nie ins Theater ging, war ein geselliges Ereignis, das über die Wohnung hinaus die nächtliche Straße einbezog: »Juden und Tapezierer hatten den Saal geschmückt, der nächste Caffewirt die Erfrischungen übernommen, und so ward ein glänzendes Konzert aufgeführt in der schönsten Sommernacht, wo sich große Massen von Menschen unter den offnen Fenstern versammelten und, als wären sie im Theater gegenwärtig, die Gesänge gehörig beklatschten.« Kurz darauf hielt unter dem Fenster ein Wagen mit einer kleinen Kapelle, der zu nächtlicher »Lustrunde« durch die Stadt unterwegs war. Die vermutlich schon ziemlich weinseligen Musiker zollten dem, was aus den Fenstern schallte, »lebhaften Beifall«, und dann »ließ sich eine wackere Baßstimme vernehmen, die eine der beliebtesten Arien eben der Oper welche wir stückweise vortrugen, von allen Instrumenten begleitet, hinzugesellte. Wir erwiederten den vollsten Beifall, das Volk klatschte mit drein, und jedermann versicherte, an so mancher Nachtlust, niemals aber an einer so vollkommenen zufällig gelungenen Teil genommen zu haben.« Ein musikalisches Künstlerfest!

Domenico Cimarosa stammte wie viele Komponisten der Opera buffa aus der neapolitanischen Schule. 1749 in Neapel geboren, wurde er am Conservatorio Santa Maria di Loreto ausgebildet. Nachdem er mit der Aufführung seiner ersten komischen Oper in Neapel große Erfolge feiern konnte, schrieb er eine Reihe von Opern, die außer in seiner Heimatstadt in Rom und Turin aufgeführt wurden. Während Goethes Aufenthalt in Rom war Cimarosa schon nicht mehr in Italien. Er wirkte als Kapellmeister der Zarin Katharina II. in St. Petersburg. Die Zarin hatte ihn 1787 eingeladen, und er blieb vier Jahre an ihrem Hof, bevor er nach Wien und dann zurück nach Neapel ging. Als er sich 1799 mit einer Hymne »Gegen die Tyrannen« am neapolitanischen Aufstand gegen den König Ferdinand IV. beteiligte, wurde er verurteilt und ausgewiesen. Er ging nach Venedig, wo er im Januar 1801 starb. Neben seinen über siebzig Opern komponierte er Kirchenmusiken, Sinfonien und Konzerte sowie zahlreiche Werke für das Cembalo. Von ihm aus läßt sich die Entwicklung der heiteren italienischen Oper über Rossini hin zu Donizetti verfolgen. Eine bekanntere, auch heute noch gespielte Oper Cimarosas, »Il Matrimonio segreto« (Die heimliche Ehe), die Anfang der neunziger Jahre in Wien uraufgeführt wurde und die sich Kaiser Leopold II., wie erzählt wurde, zweimal hintereinander vorspielen ließ, hörte Goethe später in Weimar, als sie auf dem Spielplan des dortigen Hoftheaters stand.

Der Aufenthalt in Italien war für Goethes Musikverständnis und für sein Musikerleben ein einschneidendes Ereignis. Er führte ihn in die geistliche Musik des frühen Barock ein und weckte sein Verständnis für polyphon strukturierte

Kompositionen – eine Voraussetzung, die ihm den späteren Zugang zur Musik Johann Sebastian Bachs erleichterte. Das Erlebnis der italienischen Oper und der Einfluß des Mozartschen Singspiels »Die Entführung aus dem Serail« veranlaßten ihn, seine über mehr als zwei Jahrzehnte sich erstreckenden Versuche, ein deutsches Singspiel zu schreiben, aufzugeben. Andererseits gingen viele Impulse und Anregungen in seine spätere Opernarbeit als Intendant des Weimarer Hoftheaters ein.

Musikleben in der Residenz Weimar

Am 18. Juni 1788 traf der Italienreisende wieder in Weimar ein. Die thüringische Residenz wurde für ihn nun, von den zahlreichen Reisen und den regelmäßigen Kuraufenthalten in Böhmen abgesehen, der Mittelpunkt seines Lebens. In den letzten Briefen aus Italien an den Herzog hatte Goethe eindringlich die Neuordnung seiner amtlichen Tätigkeit für das kleine Land und den Hof gefordert. Obwohl seine diesbezüglichen Verpflichtungen schon vor seinem Italien-Aufenthalt reduziert worden waren, bat er erneut um die Entlastung von weiteren administrativen Aufgaben und Verantwortlichkeiten, denen er zwar mit großem persönlichem Einsatz nachgekommen war, die ihn aber mehr und mehr in seiner dichterischen Produktion behindert hatten. Als »Gast« seines Herzogs wollte er gelten, ganz seiner poetischen Aufgabe verpflichtet sein und bemüht, auf diese Weise das Ansehen Sachsen-Weimars innerhalb der deutschen Länder als Hort der Musen zu mehren. Der Herzog entsprach weitgehend seinem Wunsch und befreite ihn von den meisten der bisherigen Staatsgeschäfte. Die ihm verblieben, stellten immer noch eine ziemliche Belastung dar. Goethe gehörte der Kommission zum Aufbau des abgebrannten Schlosses an und behielt die Leitung der Ilmenauer Wasserbaukommission. 1791 beauftragte ihn der Herzog zusätzlich mit der Direktion des Weimarer Hoftheaters.

Was sich schon in den Briefen angedeutet hatte, die er aus Italien an Charlotte von Stein schrieb, wurde nun Wirklichkeit: das Verhältnis zu der Frau, die aus dem zuweilen ungebärdigen Dichter des Sturm und Drang einen Hofmann zu machen versucht hatte und der er emotional tief verbunden war, wurde nicht wieder aufgenommen. Erleichtert wurde ihm die Lösung der seit 1775 bestehenden Beziehung, die ihn zunehmend eingeengt und bedrückt hatte, durch seine Bindung an Christiane Vulpius, die 23 Jahre alt war, als sie sich im Juli 1788 begegneten. Diese neue Bindung an die Putzmacherin aus der Werkstatt von Caroline Bertuch und die Bildung einer Lebensgemeinschaft mit ihr, die von der weimarischen Hofgesellschaft als nicht standesgemäß empfunden wurde, führten zu Irritationen in der Öffentlichkeit und vorübergehend auch zu einer gewissen Ächtung Goethes. Das war, wie Sigrid Damm vermutet, einer der Gründe, warum er für mehr als drei Jahre das Haus am Frauenplan, das er zur Miete bewohnte, verlassen und in die Jägerhäuser vor den Toren der Stadt ziehen mußte. Erst im Sommer 1792 kehrte er in das repräsentative Haus am Frauenplan zurück, das ihm der Herzog später übereignete.

Was konnte Weimar dem Dichter musikalisch bieten? Während das Musikleben der thüringischen Residenz zu Beginn des 18. Jahrhunderts durch Johann Sebastian Bach geprägt war, der hier von 1708 bis 1717 als Hoforganist und Kammermusiker wirkte, büßte die Weimarer Hofkapelle nach 1720 rasch ihren guten Ruf ein. Die wegen fehlender Mittel verkleinerte Kapelle und das Musiktheater boten nichts, was sich über den Durchschnitt erhob, und das professionelle Musikleben war, als Goethe in Weimar eintraf, im Vergleich zu den musikalischen Aktivitäten anderer deutscher Residenzen nur noch unbedeutend. Zudem hatte im Mai 1774 der Brand des Weimarer Schlosses auch das Theater zerstört, so daß man für die Theaterarbeit und die Aufführung von Opern auf Provisorien angewiesen war.

Doch ganz ohne Musik war die Stadt indessen nicht. Seit 1773 hatte Alexander Bartholomäus Eberwein das städtische Amt eines »Hof-, Stadt- und Landmusicus« inne. In dieser Funktion unterhielt er eine kleine Kapelle, die nach Zunftstatuten organisiert war und aus 7 »Gesellen«, also ausgelernten Musikern, und 14 »Lehrbuben« bestand, die alle bei ihm wohnten und in seinem Haus beköstigt wurden. Daneben war Eberwein mit der am Schloß eingerichteten kleinen Hof- und Theaterkapelle als Dirigent und Mitspieler verbunden und zugleich als Kantor und Organist auch für die Kirchenmusik zuständig. Mit seiner Stadtkapelle spielte er gegen eine entsprechende Gebühr in Weimar und den umliegenden Dörfern zu Taufen, Hochzeiten und Beerdigungen ebenso auf wie zur Unterhaltung in Gasthöfen, zu Tanzveranstaltungen und auf Jahrmärkten. Wenn der Hof zu einem Maskenfest einlud oder einen Ball gab, stellte Eberwein mit seinen Leuten die Tanzmusik, und im Theater half er, wenn erforderlich, mit einigen Bläsern und dem Trommler aus. Auch Privatleute konnten gegen ein geringes Entgelt die Eberweinschen Musikanten engagieren. So auch Goethe, der sie gelegentlich zum Musizieren in sein Haus einlud, vor allem in schwierigen Schaffensphasen oder bei niedergeschlagener Stimmung. Am 8. September 1776 schrieb er an Charlotte von Stein: »Ich war gestern sehr traurig und wußte nicht warum. Es war mir als wenn ich Sie heut nicht sehen sollte, ich lies mir die Clarinettisten kommen, ging in meinem Garten herum, sie bliesen bis acht. Es war alles so herrlich aber mein Herz thaute nicht auf.« Und am 14. Februar 1779 während der Arbeit an der »Iphigenie«: »Gute Nacht Liebste. Musick hab ich mir kommen lassen die Seele zu lindern und die Geister zu entbinden.« Wenig später, am 22. Februar 1779, vermochte Eberwein mit seiner Musik den Druck zu mildern, den das Aktenstudium verursacht hatte: »Meine Seele löst sich nach und nach durch die lieblichen Töne aus den Banden der Protokolle und Ackten. Ein Quatro [Quartett] neben in der grünen

Stube, sizz ich und rufe die fernen Gestalten leise herüber.« Goethe nutzte die in Weimar vorhandenen musikalischen Möglichkeiten nicht allein zu gewissermaßen therapeutischen Zwecken. Auch in fröhlicher Runde und beim Essen unterhielt ihn die Musik. Am 3. November 1778 ließ er Charlotte von Stein wissen: »Gestern waren Herders da und der Herzog und Seckendorf bis 8 Uhr Musick nachher assen wir und zum Nachtisch las ich was das zu lachen machte und verdauen half.« Und zu Musik in seinem Garten lud er »seine Liebste« an einem lauen Maiabend des Jahres 1783 ein: »Ich frage wie m. L. geschlafen hat und sich befindet? Was ihr Tag heute für eine Wendung nehmen wird und ob sie heute Abend wenn es schön wird meinen Garten besuchen und daselbst Musick hören will.« Leider geben die Quellen keine Auskunft darüber, welche Musik bei diesen Gelegenheiten gespielt wurde. Vermutlich waren es eingängige heitere Stücke im Stile der Empfindsamkeit, die damals Mode waren und die auch Goethe bevorzugte, ganz im Sinne dessen, wozu er sich in der »Italienischen Reise« bekannte: »Nun will ich gerade nicht behaupten daß mir jene sehnsüchtigen Töne, die man im Adagio und Largo hinzuziehen pflegt jemals zuwider gewesen, doch aber liebt' ich in der Musik immer mehr das Aufregende, da unsere eigenen Gefühle, unser Nachdenken über Verlust und Mißlingen uns nur allzuoft herabziehen und zu überwältigen drohen.«

Neben den »offiziellen« und in Grenzen professionellen Stadt- und Hofmusikanten gab es ein buntes Treiben musikalischer Dilettanten, die sich um die Herzoginmutter Anna Amalia geschart hatten. Anna Amalia, die Tochter des Welfenherzogs Carl von Braunschweig-Wolfenbüttel und der Herzogin Philippine Charlotte von Preußen, einer Schwester Friedrichs des Großen, war 1756 als Gemahlin von Herzog Ernst August II. Constantin nach Weimar gekommen.

ANNA AMALIA, HERZOGIN VON SACHSEN-WEIMAR-EISENACH
(1739–1807)
Kohlezeichnung von Wilhelm Tischbein
Schiller-Nationalmuseum/Deutsches Literaturarchiv, Marbach

Regentin bis zur Volljährigkeit ihres Sohnes Carl August;
als Pianistin, Komponistin und Musikschriftstellerin
war sie Initiatorin und maßgebliches Mitglied
des Weimarer Musenhofes und eine Förderin Goethes.

Als ihr Mann zwei Jahre nach der Eheschließung plötzlich starb, übernahm sie im Alter von kaum neunzehn Jahren die Regentschaft für ihren 1757 geborenen ersten Sohn Carl August. Über mehr als anderthalb Jahrzehnte hat sie dieses schwere Amt mit Festigkeit und Klugheit ausgeübt und ihrem Sohn ein durch die Wirren des Siebenjährigen Krieges zwar verarmtes Land, aber doch eine geordnete Regierung übergeben. Als mit Erreichung seiner Volljährigkeit Carl August 1775 an die Spitze von Sachsen-Weimar trat, zog sich Anna Amalia ganz in ein von Kunst, Literatur und Musik bestimmtes Privatleben zurück. Der Mittelpunkt ihres Lebens in Weimar bildete nun das Wittumspalais. Im Sommer hielt sie sich überwiegend in den nahen Schlössern in Tiefurt und Ettersburg auf. Die Herzoginmutter hatte Sachsen-Weimar nicht nur politisch und wirtschaftlich über die schweren Zeiten hinweggerettet, ihr war auch der Aufstieg der kleinen Residenz zu einem wichtigen geistig-kulturellen Zentrum Deutschlands zu verdanken. Obwohl das Land nach dem Ende der Auseinandersetzungen zwischen Österreich und Preußen, zwischen ihrem Onkel Friedrich dem Großen und der Kaiserin Maria Theresia, ziemlich darniederlag und es überall an Geld fehlte, war ihr die Förderung von Kunst und Wissenschaft nicht nur eine mit ihrer Stellung verbundene Verpflichtung, sondern auch Ausdruck und Bedürfnis ihrer Persönlichkeit. Sie förderte den Ausbau der Universität in Jena und legte, indem sie für die herzogliche Bibliothek das Grüne Schloß zur Verfügung stellte, den Grundstein für die später so berühmte Weimarer Bibliothek. Sie unterstützte die Theaterarbeit in Schauspiel und Singspiel und sorgte dafür, daß auch die Bürger der Stadt an den Veranstaltungen des Hoftheaters teilnehmen konnten, indem sie ihnen 70 der 100 Plätze im Theatersaal des Schlosses einräumen ließ. Die fehlenden Finanzmittel machten es allerdings unmöglich, Künstler von Rang und Namen oder berühmte Virtuosen, vor allem aus Italien und Frankreich, nach Weimar zu holen. Dafür förderte sie nach Kräften die Talente und Begabungen im eigenen Land, besonders auf dem Gebiet der Literatur. 1772 hatte Anna Amalia den Schriftsteller Christoph Martin Wieland als Erzieher ihrer beiden Söhne Carl August und Friedrich Ferdinand Constantin nach Weimar geholt. Goethe, dessen Berufung an den Weimarer Hof sie 1776 gegen den starken Widerstand maßgeblicher Hofkreise durchgesetzt hatte, erfreute sich auch in schwierigen Lagen ihrer uneingeschränkten Unterstützung.

Anna Amalia stand im Mittelpunkt eines intellektuell-literarischen Kreises, des sogenannten Weimarer Musenhofes, zu dessen Tafelrunde neben Goethe und Wieland auch Herder und später Schiller gehörten, an der aber auch viele andere Künstler, Literaten und Wissenschaftler teilnahmen. Geistreiche Unterhaltung und offene Diskussionen waren die Kennzeichen dieses Kreises um Anna Amalia. Als hochbegabte und gebildete Frau malte und zeichnete sie, trieb Sprachstudien und wurde von Wieland zum Schreiben und Übersetzen angeregt. Sie war mit den philosophischen und literarischen Strömungen ihrer Zeit vertraut, vor allem mit der französischen Aufklärung. Auch das Musikleben lag ihr am Herzen. Sie hatte in ihrer Jugend eine gute musikalische Ausbildung genossen, die sie in Weimar weiter vertiefte. Sie musizierte, komponierte und äußerte sich zu musiktheoretischen Problemen. Von ihr sind neben kammermusikalischen Werken eine Vertonung von Goethes erfolgreichstem Singspiel »Erwin und Elmire« und die Musik zum »Jahrmarktsfest zu Plundersweilern« überliefert, während ihre musiktheoretischen Schriften verlorengegangen sind.

In den Umkreis von Anna Amalias Musenhof gehörte auch das 1774 entstandene Liebhabertheater. Nach dem Schloßbrand war es zunächst nicht mehr möglich gewesen, weiterhin wandernde Theatergruppen zu engagieren, konnte man ihnen doch keine angemessene Spielstätte zur Verfügung stellen. Weil man aber sowohl in adligen wie in bürgerlichen Schichten auf das Theater nicht verzichten wollte, machten es sich Mitglieder der Hofgesellschaft zur Aufgabe, Schauspiele, Singspiele und kleine Opern mit Laiendarstellern aufzuführen. Diese Darsteller, die sich oft mit großem Erfolg als Schauspieler wie als Sänger versuchten, gehörten fast ausschließlich dem Kreis um Anna Amalia an. In einem Bericht aus dem Jahre 1782 heißt es: »Um dieselbe Zeit [im Jahre 1775] wurde auch ein Liebhabertheater in Weimar eröffnet, woran Goethe, Corona Schröter, Bertuch, v. Einsiedel u. a. den lebhaftesten und thätigsten Antheil nahmen.« Unter den Mitwirkenden war die inzwischen von Leipzig nach Weimar gewechselte Corona Schröter die einzige professionelle Schauspielerin und Sängerin. Neben ihr und Goethe beteiligten sich an den Aufführungen die Literaten Johann Carl August Musäus und Friedrich Justin Bertuch, der Maler Georg Melchior Kraus, die Hofbeamten Friedrich Hildebrand von Einsiedel, Carl Friedrich Siegmund von Seckendorff und Carl Ludwig von Knebel sowie Anna Amalias erste Hofdame Louise von Göchhausen. Aber auch Anna Amalia selbst und ihre beiden Söhne Carl August und Friedrich Ferdinand Constantin waren Enthusiasten des munteren Theatertreibens.

Gespielt wurde an verschiedenen Plätzen, im Weimarer Redoutensaal, im Schloß Ettersburg und auf der dortigen Naturbühne, im Tiefurter Park, aber auch im Wittumspalais und ab 1780 schließlich im neuerbauten Komödienhaus. Goethe war von 1776 bis 1782 nicht nur der von allen akzeptierte Leiter und inspirierende Organisator, er wirkte auch als Autor, Dramaturg und Regisseur dieses Laienensembles und trat in etwa zwanzig Rollen singend und spielend auf. Zwischen 1775 und 1782 wurden von ihm folgende Stücke

und Singspiele aufgeführt, die er mitgebracht oder eigens
für Weimar geschrieben hatte:

>Erwin und Elmire« (24. Mai 1776)

>Die Geschwister« (21. November 1776)

>Die Mitschuldigen« (28. November 1776)

>Lila« (30. Januar 1777)

>Triumph der Empfindsamkeit«
  (30. Januar 1778)

>Das Jahrmarktsfest zu Plundersweilern«
  (20. Oktober 1778)

>Iphigenie auf Tauris« (6. April 1779)

>Die Laune des Verliebten« (20. Mai 1779)

>Jery und Bätely« (12. Juli 1780)

>Die Vögel« (eine Bearbeitung
  nach Aristophanes) (18. August 1780)

>Das Neuste von Plundersweilern«
  (24. Dezember 1781)

>Die Fischerin« (22. Juli 1782)

Auch die Musik für die meisten Singspiele und Operetten entstand in diesem Kreis. Als Komponisten betätigten
sich die Herzoginmutter, Freiherr von Seckendorff und
Corona Schröter, wobei dem Freiherrn der Hauptanteil zu-
kam. Von Anna Amalia stammte die Musik zu den Liedern
in der »Fischerin« und im »Jahrmarktsfest zu Plundersweilern« sowie zu dem Singspiel »Erwin und Elmire«. Corona
Schröter vertonte ebenfalls die »Fischerin« und Freiherr
von Seckendorff neben vielen Goethe-Gedichten für das
Liebhabertheater die Singspieltexte »Lila«, »Jery und Bätely«, »Der Triumph der Empfindsamkeit« und »Die Laune
des Verliebten«. Es war eine einfache, eingängige Musik, die
das Gefallen von Mitwirkenden wie Zuhörenden fand. Im
Kreis um Anna Amalia und durch die Arbeit mit dem Lieb-

habertheater konnte Goethe also nicht nur seine Fähigkeiten als Autor, Schauspieler und vor allem als spiritus rector des Ganzen einbringen, er bekam dort auch reiche musikalische Anregungen. Die vielfältigen Aktivitäten dieses Laientheaters wurden zwischen 1782 und 1784 sozusagen gegenstandslos, als die Theatergruppe des Joseph Bellomo für das neue Komödienhaus gewonnen werden konnte. Danach fanden sich die Darsteller nur mehr gelegentlich und aus besonderem Anlaß zu Liebhaberaufführungen zusammen.

Auch an den Aufführungen von Bellomos Ensemble, das zwischen 1784 und 1791 vertraglich an Weimar gebunden war, nahm Goethe regelmäßig teil. Die Gruppe pflegte in den wöchentlich drei Aufführungen nicht nur das Schauspiel, sondern war auch verpflichtet, alle vierzehn Tage eine Oper einzustudieren. Obwohl der Opera buffa und dem Singspiel der Vorzug gegeben wurde, konnte Goethe hier Opern von Mozart, Gluck oder Benda hören. Die künstlerische Qualität des Dargebotenen ließ allerdings nach übereinstimmendem Urteil von Zeitgenossen zu wünschen übrig, so daß es 1791 zur Auflösung des Vertrages mit Bellomo kam. Durch diese Theatergruppe hatte Goethe schon vor seinem Italienaufenthalt die Opera buffa kennen- und schätzengelernt. Im Juni 1784 schrieb er an seinen Frankfurter Bekannten Kayser: »Ich habe seit letztem Winter ein Duzzend der Besten Producktionen dieser Gattung, von einer zwar mittelmäsigen Truppe gehört. Ich habe mir mancherley dabey gedacht und recht gewünscht daß Sie in dieses Fach einzugehen Lust und Muth hätten. Leben Bewegung mit Empfindung gewürzt, alle Arten Leidenschafften finden da ihren Schauplatz. Besonders erfreut mich die Delikatesse und Grazie womit der Componist gleichsam als ein himmlisches Wesen über der irdischen Natur des Dichters schwebt.« Zur Vertiefung seiner Kenntnisse der italienischen Opera buffa besorgte sich Goethe, wie er Kayser Ende 1784 mitteilte, von einigen Opern dieser Art die Partituren. »In Braunschweig habe ich einige sehr schöne Operetten gehört und hoffe auch Partituren derselben zu erhalten. So bald sie ankommen, will ich sie Ihnen zu schicken und vielleicht kann ich die Oper Fra due littigantti verschaffen.« Letzteres bezieht sich auf die erfolgreiche Opera buffa »Fra i due litiganti il terzo gode« (Wenn zwei sich streiten, freut sich der Dritte) des italienischen Komponisten Giuseppe Sarti, der von 1784 bis 1801 mit einer kurzen Unterbrechung als Hofkapellmeister am Zarenhof in St. Petersburg wirkte. Eine Aufführung dieser Oper in einer deutschen Bearbeitung seines Jugendfreundes Johann André unter dem Titel »Im Trüben ist gut fischen« sah Goethe 1797 während seiner dritten Reise in die Schweiz in Stuttgart. »Den 6. September. Abends im Theater wurden die Due Litiganti von Sarti gegeben. Die Vorstellung war äußerst schwach und unbedeutend.« Goethe war weder mit den schauspielerischen noch mit den sängerischen Leistungen zufrieden, und entsprechend herb war seine Kritik: »Herr Brand gar nichts. Demoiselle Bambus unangenehme Nullität. Madame Kaufmann, kleine hagere Figur, steife Bewegung, angenehme, gebildete, aber schwache Stimme. Demoiselle Ferber nichts. Herr Krebs angenehmer Tenor, ohne Ausdruck und Aktion. Herr Reuter unbedeutend. Herr Weberling, eine gewisse Art von drolligem Humor, den man leiden mag, aber auch weiter nichts.« Zu diesem Zeitpunkt war Goethe durch seine italienischen Erfahrungen mit der Buffo-Oper längst vertraut und kannte sich in dem ganzen Metier aus, hatte er doch bereits seit einigen Jahren die Intendanz des Weimarer Hoftheaters inne.

Mit welchen in Weimar tätigen Musikern hatte Goethe näheren Kontakt? Neben Eberwein senior war es dessen Sohn Franz Carl Adalbert Eberwein, der einen prägenden Einfluß auf das Musikleben der Stadt wie auf Goethes Umfeld ausübte. 1786 in Weimar geboren und als Kind der Spielgefährte des drei Jahre jüngeren August von Goethe, wurde Carl Eberwein von seinem Vater schon frühzeitig musikalisch ausgebildet und trat im Alter von 16 Jahren als Geiger und Pianist in die Hofkapelle ein. 1826 wurde er zum Herzoglichen Musikdirektor ernannt. Sein angenehmes Äußeres, seine freundliche und gewinnende Art sowie seine nicht unbedeutenden musikalischen Fähigkeiten erleichterten ihm den Zugang zur weimarischen Gesellschaft und zum Kreis um Goethe.

Als Goethe im Herbst 1807 – auch aus Unzufriedenheit mit manchen Erscheinungen am Weimarer Hoftheater – einen kleinen gemischten Kammerchor aus Laiensängerinnen und -sängern wie aus Mitgliedern der Weimarer Bühne gründete, war er dazu u. a. durch Zelters Aktivitäten in Berlin angeregt worden. Und Zelter, den Goethe am 27. Juli 1807 von Karlsbad aus um Notenmaterial bat, unterstützte ihn in diesem Vorhaben.

»Ob wir gleich Stimmen und Instrumente in Weimar haben, und ich noch dazu der Vorgesetzte solcher Anstalten bin; so habe ich doch niemals zu einem musikalischen Genuß in einer gewissen Folge gelangen können, weil die garstigen Lebens- und Theaterverhältnisse immer das Höhere aufheben, um dessentwillen sie allein dasind oder dasein sollten. Nun haben wir von Schleswig wieder ein paar neue Leute, einen sehr guten Tenor und eine Art von Correpetitor bekommen, die ich noch nicht persönlich kenne die aber gute und verständige Leute zu sein scheinen.« – »Mit der Oper, wie sie bei uns zusammengesetzt ist, mag ich mich nicht abgeben, besonders weil ich diesen musikalischen Dingen nicht auf den Grund sehe. Ich möchte daher das Seculum sich selbst überlassen und mich ins Heilige zurückziehen. Da möchte ich nun alle Woche einmal bei mir mehrstimmige geistliche Gesänge aufführen lassen, im Sinne Ihrer Anstalt, obgleich nur als den fernsten Abglanz derselben. Helfen Sie mir dazu und senden mir Vierstimmige nicht zu schwere Gesänge, schon in Stimmen ausgeschrieben. Ich ersetze die Auslagen mit Dank. Zeigen Sie mir an, ob man im Notendruck, oder gestochen, dergleichen findet. Auch Canons und was Sie zu dem Zwecke nützlich halten. Sie sollen immer in unserer Mitte sein, geistig, und herzlich willkommen, wenn Sie persönlich erscheinen möchten.«

Der erwähnte Korrepetitor war der Opernsänger Rudolf Karl Heß. Unmittelbar nach Goethes Rückkehr aus Karlsbad wurde der Plan in die Tat umgesetzt und eine kleine Singegesellschaft im Haus am Frauenplan installiert. Für den 20. September 1807 vermerkt das Tagebuch: »Um 11 Uhr Gesang der jungen Schauspieler unter Anleitung Heßens.« Und am 27. September: »Heß mit den jungen Leuten zur Gesangsübung.«

Zu diesem kleinen Chor gehörte bald auch Carl Eberwein, der nach einem Jahr die Leitung übernahm, für das Ensemble komponierte und es vom Klavier aus dirigierte. Die von Geselligkeit geprägten Musikabende seiner »Hauskapelle«, wie Goethe die Gruppe nannte, fanden Donnerstag abends statt, und zwar in der Regel in Christianes Zimmer. Begonnen wurde mit kleinen Motetten und Chorälen, auf die weltliche Musik ernsten Charakters von Zelter, Reichardt und Carl Eberwein folgte. Die Probe klang aus mit heiterer, ja lustiger Musik und musikalischen Späßen. Hier schaltete sich auch Goethe gelegentlich ein, gab Anweisungen in bezug auf Tempo und Art des Vortrags und dirigierte mitunter kleine Stücke selbst. Abschließend versammelte man sich zu einer einfachen Mahlzeit. Am Sonntagvormittag wurden die geprobten Stücke in Goethes Räumen im Vorderhaus oder aber im Theater vor geladenen Gästen vorgetragen.

In den Tag- und Jahresheften für das Jahr 1810 schreibt Goethe: »Die Donnerstage waren kritisch und didaktisch, die

Sonntage für jeden empfänglich und genußreich. Gegen Ende
des Jahrs konnten von dieser Gesellschaft öffentliche Unterhaltungen im Theater gegeben werden; man führte solche
Musikstücke auf, welche zu hören das Publikum sonst keine
Gelegenheit findet und woran jeder Gebildete sich wenig-
stens einmal im Leben sollte erquickt und erfreut haben.« Ein
solches Konzert, für das die Zuhörer Eintritt zahlen mußten,
fand am 22. Februar 1810, einem Donnerstag, im Hoftheater
statt. Und so sah der Programmzettel aus (zitiert nach:
Busch-Salmen u. a., Der Weimarer Musenhof; vgl. S. 225):

MUSICALISCHE UNTERHALTUNG

Donnerstag den 22. Februar 1810

Erster Theil.

1) Lasset eure Lieder hören!
   Aus Schillers Huldigung der Künste,
   von Eberwein.
2) Confirma hoc Deus
   Pfingstgesang von Jomelli.
3) Weihnachts-Cantate
   Duett von Kaiser.
4) In Flammen nahet Gott
   Chorgesang von Zelter.
5) Merkt auf, wie schauerlich.
   Chor aus Palmira, von Salieri.
6) Willkommen Dir, des neuen Jahres Sonne!
   Brautgruß, von Eberwein.

Zweiter Theil.

1) Holder Genius des Landes
   Fünfstimmiger Gesang, von Eberwein.
2) Die Gunst des Augenblicks.
   Lied mit Chor, von Schiller und Zelter.

3) Das Vaterland.
   Lied mit Chor, von Zelter.
4) Der Mann der seine Freunde liebt.
   Canon zu drey Stimmen, von Cauer.
5) General-Beichte.
   Lied mit Chor, von Zelter.
6) Liebes Mädchen wir sind hier.
   Terzett, von Mozart.
7) Ich armes welsches Teufel.
   Canon, von Mozart.
8) Herr Urian.
   Lied mit Chor, von Claudius und Zelter.
9) Sorgete o Pastorelli!
   Canon, von Ferrari.
10) Das Bandel.
    Terzett, von Mozart.
11) Die verdammten Heiraten.
    Terzett, von Wenzel Müller.

Im Theater. Halb sechs Uhr.
Zur Bequemlichkeit der Herren gelten die Billetts
vom Balkon und den Logen auch für's Parkett.

Zur Vervollkommnung seiner Fähigkeiten im Dirigieren und Komponieren hielt sich Carl Eberwein 1808 und 1809 durch Vermittlung Goethes in Berlin bei Zelter auf. Offenbar war Goethe mit dem Resultat dieser Studienaufenthalte zufrieden. Jedenfalls legte er in einem Brief vom 7. Mai 1810 dem neuen Weimarer Hofkapellmeister August Eberhard Müller nahe, den jungen Mann weiter zu fördern: »Auch die kleine Singanstalt, die sich in meinem Hause durch Zufall gebildet und schon einige Jahre fortgedauert hat, empfehle ich Ihrer freundlichen Theilnahme, so wie Herrn Eberwein, den Vorsteher derselben. Haben Sie die Güte, diesen jungen Mann zu beobachten, sein Talent und seine Unterrichtsmethode zu beurtheilen, und ihm mit Rath und That an Handen zu gehen, damit wir je eher je lieber auch von dieser Seite gefördert werden.«

Die Verbindung zu Zelter prägte auch Carl Eberweins Kompositionsstil. Er vertonte Goethes »Proserpina« und etwa 25 Gedichte, u. a. aus dem »West-östlichen Divan«, von denen viele Eberweins Frau Henriette zur großen Freude des Dichters vortrug. Von einer solchen »musikalischen Abendunterhaltung« am 12. Januar 1827, bei der im ersten Teil das Goethe gewidmete Mendelssohnsche Klavierquartett h-moll opus 3, mit Carl Eberwein am Flügel, aufgeführt wurde, berichtet Eckermann: »Nach einer Pause, während welcher man sich unterhielt und einige Erfrischungen nahm, ersuchte Goethe Madame Eberwein um den Vortrag einiger Lieder. Sie sang zunächst nach Zelters Komposition das schöne Lied: ›Um Mitternacht‹, welches den tiefsten Eindruck machte. ›Das Lied bleibt schön, sagte Goethe, so oft man es auch hört. Es hat in der Melodie etwas Ewiges, Unverwüstliches.‹ Hierauf folgten einige Lieder aus der ›Fischerin‹, von Max Eberwein komponiert. Der ›Erlkönig‹ erhielt entschiedenen Beifall. [...] Zum Schluß des schönen Abends sang Madame Eberwein auf Goethes Wunsch einige Lieder des Diwan, nach den bekannten Kompositionen ihres Gatten. [...] ›Eberwein, sagte er zu mir, übertrifft sich mitunter selber.‹« Der von ihm geschätzte Komponist versuchte sich auch an einer Schauspielmusik zum »Faust«, scheiterte aber damit zur großen Enttäuschung Goethes.

Zur »Hauskapelle« gehörte ferner der Tenor Carl Melchior Jacob Moltke. Er war seit April 1809 als Sänger am Weimarer Hoftheater angestellt, wo er am 22. April sein Debüt als Tamino in einer Aufführung der »Zauberflöte« gab. Goethe schätzte die angenehme Stimme Moltkes, der bei Abwesenheit Eberweins häufig die Hauskapelle leitete. Zwischen 1813 und 1816 war er, wie Goethes Tagebuch ausweist, häufiger Tischgast im Haus am Frauenplan. Später kam es zu Unstimmigkeiten, weil Moltke, der auch komponierte, bei seinen Gesangsvorträgen mehr und mehr die eigenen Lieder bevorzugte, was dem Dichter mißfiel: »Moltke singt nichts als seine eignen Lieder, so daß die Gesellschaft, zu deren Vergnügen man ihn einlädt zuletzt davon laufen möchte.« (An Zelter, 28. Juni 1818)

Auch der junge Bassist Eduard Genast, Sohn des Weimarer Hofschauspielers Anton Genast, sang gelegentlich im Hause des Dichters. Sein Bericht von Ende 1814 über einen Liederabend ist amüsant zu lesen: »Auch ich hatte einst die Freude, zu diesem Zwecke zu ihm beordert zu werden; wahrscheinlich wollte er sich überzeugen, ob ich Fortschritte im Vortrag, der bei ihm die Hauptsache war, gemacht habe. Ich sang ihm zuerst ›Jägers Abendlied‹ von Reichardt componirt. Er saß dabei im Lehnstuhl und bedeckte sich mit der Hand die Augen. Gegen Ende des Liedes sprang er auf und rief: ›Das Lied singst Du schlecht!‹ Dann ging er vor sich hinsummend eine Weile im Zimmer auf und ab und fuhr dann fort, indem er vor mich hintrat und mich mit seinen wunderschönen Augen anblitzte: ›Der erste Vers sowie der dritte müssen markig, mit einer Art Wildheit vorgetragen werden, der zweite und vierte weicher; denn da tritt eine andere Empfindung ein. Siehst Du so!‹ (indem er scharf markirte:) ›da ramm! da ramm! da ramm! da ramm!‹. Dabei bezeichnete er zugleich mit beiden Armen auf- und abfahrend das Tempo und sang dies ›da ramm!‹ in einem tiefen Tone. Ich wußte nun, was er wollte, und auf sein Verlangen wiederholte ich das Lied. Er war zufrieden und sagte: ›So ist es besser! Nach und nach wird es Dir schon klar werden, wie man solche Strophenlieder vorzutragen hat.‹«

Zu Goethes musikalischen Bekannten aus dem Musenhof Anna Amalias gehörte Freiherr Karl Friedrich Siegmund von Seckendorff, eigentlich von Seckendorff-Aberdar. Der Abkömmling eines fränkischen Reichsrittergeschlechts war 1744 in Erlangen geboren und hatte eine umfassende Erziehung und Bildung genossen, zu der die Ausbildung seines musikalischen Talents gehörte. Er spielte Klavier, Violine und Violoncello, hatte gute Kenntnisse in Harmonielehre und Kontrapunkt und komponierte. Nach einem abenteuerlichen Leben als Offizier im österreichischen und sardinischen Militärdienst war er 1775 auf der Suche nach einer ihn befriedigenden Anstellung in Weimar als Kammerherr Carl Augusts hängengeblieben. Bald gehörte der geistreiche und welterfahrene Mann dem Kreis um Anna Amalia an, den er mit seiner Liebenswürdigkeit und Klugheit, seinem Witz und Charme belebte. Im Liebhabertheater war er als Sänger und Instrumentalist unentbehrlich, und er organisierte viele Feste bei Hof, Ballettaufführungen, Maskenzüge, Bälle und Redouten. Sprachkundig und schreibgewandt, wie er war, übersetzte er den »Werther« ins Französische, schrieb gelegentlich Gedichte, veröffentlichte einen Roman – »Das Rad des Schicksals« (1783) – und war Mitarbeiter am »Tiefurter Journal« und an der damals führenden Literaturzeitschrift, dem »Teutschen Merkur« von Christoph Martin Wieland. Wie bereits erwähnt, vertonte er mit Erfolg einige Singspiele Goethes sowie viele seiner Gedichte. Zum Geburtstag des Dichters am 28. August 1781 hatte er das Schattenspiel »Minervens Geburt, Leben und Taten« verfaßt, das im Tiefurter Schloßpark aufgeführt wurde. In Goethes Gedicht »Ilmenau«, das dem Herzog zum 26. Geburtstag huldigt, erscheint der sympathische Seckendorff in liebevoll-ironischer Gestalt:

> Wer ist der andre der sich nieder
> An einen Sturz des alten Baumes lehnt,

Und seine langen fein gestalten Glieder
Ekstatisch faul nach allen Seiten dehnt
Und ohne daß die Zecher auf ihn hören
Mit Geistes Flug sich in die Höhe schwingt
Und von dem Tanz der himmelhohen Sphären
Ein monotones Lied mit großer Inbrunst singt.

Von Seckendorff stammte auch das Dramolett, das Goethe in der kleinen biographischen Darstellung »Das Louisenfest« erwähnt. Das Fest fand am 9. Juli 1778 zu Ehren der Herzogin Louise im Park an der Ilm statt. 1784 verließ der amüsante Kammerherr Weimar und den Hofdienst bei Carl August. Ein Jahr später ernannte ihn Friedrich der Große zum preußischen Gesandten im fränkischen Kreis. Noch im selben Jahr starb er an den Folgen einer Lungenentzündung.

Im Zusammenhang mit Goethes musikalischen Erlebnissen und Aktivitäten sind auch die am Weimarer Hof wirkenden Kapellmeister zu erwähnen. Als Goethe 1775 nach Weimar kam, hatte Ernst Wilhelm Wolf (1735–1792), der Musiklehrer Anna Amalias und Carl Augusts, dieses Amt seit 1768 inne. Wolf war zudem als Komponist tätig und schrieb neben einer Reihe von Singspielen, Oratorien, Kantaten und Sinfonien auch Kammermusik und Lieder, allerdings keine auf Texte von Goethe. Der Hofkapellmeister mühte sich redlich und mit einem durchaus vorhandenen Talent, aber doch ohne Fortune, dem daniederliegenden Musikleben Weimars aufzuhelfen, resignierte schließlich und fiel zuletzt dem Alkohol anheim. In Goethes Augen fehlte dem Schützling Anna Amalias »jeder Drang zum Höheren«, und so versuchte er 1781, wenn auch vergeblich, ihn durch den ihm nahestehenden Kayser zu ersetzen.

Zum Nachfolger Wolfs als Hofkapellmeister wurde 1799 der seit 1766 als Violonist in der Hofkapelle tätige und 1778 zum Hofmusikus beförderte Johann Friedrich Kranz ernannt. Der aus Weimar gebürtige Kranz hatte einigen Unterricht im Klavierspiel und im Komponieren bei Joseph Haydn in Wien genommen. Nach seiner Rückkehr war er als musikalischer Leiter des Hoftheaters vor allem bemüht, die Weimarer Bühne der italienischen Musik zu öffnen. Er bearbeitete und übersetzte zusammen mit August Vulpius, dem Bruder von Christiane Vulpius, italienische Opern und richtete sie für die Weimarer Bühne und ihre musikalischen Möglichkeiten ein. Von ihm stammte auch die Bühnenmusik zu Goethes anläßlich der Französischen Revolution entstandener Komödie »Der Groß-Kophta«. Goethe stand schon während seines Italienaufenthalts in Kontakt zu Kranz, der im Rahmen einer von Carl August angeregten und finanzierten Studienreise 1787 in Rom weilte, wo er zusammen mit anderen Musikern für den Kreis um Goethe und für Angelica Kauffmann Konzerte gab. In einem Brief aus Italien an Charlotte von Stein vom 27. Januar 1787 teilte der Dichter mit, daß er über Kranz, der offensichtlich für größere Aufgaben vorgesehen war, keine Beurteilung abgeben könne: »Kranz hat sich hier nur wenige Tage aufgehalten, für einen Musikus ist hier wenig zu thun, ich kann weder sein Betragen noch seine Kunst beurtheilen ob ich ihn gleich einigemale gesehn und auch ein klein Concertgen Abends eingerichtet habe. Es sind zu wenig Data. Dies sage dem Hofmarschall mit einem Gruße.« 1801 schon endete Kranz' musikalische Tätigkeit für Weimar, die durchaus zu Hoffnungen berechtigt hatte. Unmittelbarer Auslöser war ein Streit mit der Schauspielerin und Sängerin Caroline Jagemann, der Favoritin und späteren Mätresse Carl Augusts, um das richtige Tempo einer Arie, doch hatte es wahrscheinlich schon vorher Unstimmigkeiten in künstlerischen Fragen gegeben. Auf Veranlassung Goethes, der sich in dieser Angelegenheit wenig konziliant zeigte, aber kraft seines Amtes so handeln mußte, wurde Kranz vom Dienst beurlaubt und später suspendiert.

Ein Gnadengesuch des Entlassenen beantwortete er mit einem schroffen und selbstherrlichen Schreiben an die Hoftheater-Kommission, abgefaßt im besten Amtsdeutsch: Der Herzog hat beschlossen und damit basta.

Über die Kranzische Angelegenheit denke ich folgendermaßen: Ein gnädigstes Rescript, das, in einer Disciplinsache, an irgend ein Departement, ergeht, ist keineswegs als ein Urtheil in einer Rechtssache anzusehen, das dem Peccirenden [Übeltäter] publicirt werden muß. Dießmal hat das Departement verfügt und der Fürst gebilligt. Herrn Kranz ist so viel bekannt als nöthig: daß er suspendirt war und ist, weiter braucht es nichts. Sein Promemoria an das Hofmarschallamt wird also beygelegt, und wenn er sich untersteht ein gleiches an die Theatercommission zu bringen, und zu fragen: ob seine Sache vergessen werden soll, so will ich ihm den Kopf waschen daß er Zeitlebens an mich denken wird.

Jena am 8. May 1802.   G.

1803 verließ Johann Friedrich Kranz Weimar und ging als Hofkapellmeister nach Stuttgart. Sein Nachfolger war für das Weimarer Musikleben alles andere als ein Glücksfall. Franz Seraph von Destouches, ebenfalls ein Schüler Joseph Haydns und als Geiger seit 1799 Konzertmeister der herzoglichen Kapelle, schrieb u. a. die Bühnenmusik zu einigen Schauspielen Friedrich Schillers. Doch was die Förderung des offiziellen Musiklebens am Weimarer Hofe betraf, war seine Wahl ein Mißgriff. Auch der Umstand, daß er oft bei Goethe zu Tisch geladen war, wie die Tagebücher ausweisen, konnte ihn nicht davor bewahren, daß er 1809 auf Betreiben seines Gastgebers wegen mangelnder Leistungen aus dem Hofdienst entlassen wurde.

Erst als 1810 der Thomaskantor August Eberhard Müller

zum Hofkapellmeister berufen wurde, kam neuer Schwung in das Weimarer Musikleben. Empfohlen hatte ihn seine frühere Schülerin, die Erbgroßherzogin Maria Pawlowna, eine Enkelin Katharinas der Großen, die 1804 den Erbprinzen Carl Friedrich von Sachsen-Weimar-Eisenach geheiratet hatte. Müller, 1767 in Northeim bei Göttingen geboren, war Schüler von Johann Christoph Friedrich Bach, dem zweitjüngsten Sohn Johann Sebastian Bachs, der in Bückeburg als Kapellmeister wirkte und für den Johann Gottfried Herder einige Texte geschrieben hatte. Nach einer Anstellung als Organist an der Ulrichskirche in Bückeburg kam Müller 1794 an die Nicolaikirche in Leipzig, wo er 1804 zum Thomaskantor und Städtischen Musikdirektor ernannt wurde. In diesem Amt bemühte er sich um eine Wiederbelebung und Pflege des Werkes seines großen Vorgängers Johann Sebastian Bach, aber auch um die Verbreitung der Wiener Klassik, vor allem der Werke Joseph Haydns.

Besondere Aufmerksamkeit verdient im Zusammenhang mit Müllers Anstellung in Weimar die von Goethe verfaßte Ordnung für die Hofkapelle, in der die Pflichten, aber auch die Rechte des Hofkapellmeisters detailliert festgelegt sind. Diese Ordnung wurde Müller offenbar vor seiner Bestallung zur Zustimmung übergeben, die dann auch erfolgte.

An die Hoftheater-Commission
Die Capelle betreffend.

Seit 1802 ist die Capelle in allen Disciplin- Direcion- und Oeconomie-Sachen der Herzoglichen Theater-Commission untergeordnet; so waren es auch bisher der Capellmeister Kranz und der Concertmeister Destouches. Der neu eintretende Capellmeister ist gleichfalls an dieselbe gewiesen.

Der Geschäftsgang wird auf folgende Weise eingerichtet:

1.) Der Capellmeister hat Zutritt zu den Sessionen der Commission, wo er an bestimmten Tagen und Stunden erscheint, daß mit ihm und dem Regisseur alles für eine Woche verabredet und angeordnet werden könne.

2.) Ist die Aufführung irgend einer neuen Oper bestimmt, so erhält derselbe die Partitur, um solche vor allen Dingen durchzusehen und, wo es nöthig, zu corrigiren.

3.) Hierauf geschieht das Ausschreiben der sämmtlichen Stimmen, und zwar bekommt Contractmäßig der Correpetitor die Singstimmen, der Scribent Zahn aber und Consorten die Orchesterstimmen zu schreiben.

4.) Er überlegt, wie die Oper, nach Maßgabe der Stimmen, Kräfte und Fähigkeiten der vorhandenen Sänger zu besetzen sey, und zeigt solches Herzoglicher Commission an, die es in weitere Überlegung zieht und bestimmt, auch die Namen der Schauspieler und Sänger auf die Rollen setzt.

5.) Hier geht nun die Arbeit des Correpetitors an, in welche der Capellmeister Einsicht zu nehmen und gleich von Anfangs, besonders was die Tempo betrifft, solche zu leiten hat.

6.) Die sich daranschließenden Quartett- Orchester- Dialog- und Hauptproben werden jede Woche verabredet, ihre Zeit bestimmt und auf die Austheilung gesetzt. Je weiter eine Oper auf diese Weise vorrückt, desto stärker wird die Theilnahme des Capellmeisters.

7.) Derselbe dirigirt die Aufführung am Flügel und trägt, vereinigt mit dem Regisseur, alles dazu bey, um eine solche Vorstellung gelingen zu machen.

8.) Die Zwischenacte der Schauspiele, so wie die dazu nöthigen Symphonieen, werden von den beyden Kammer Musicis, Unrein und Riemann, dirigirt, wofür einer um den andern von Dienstleistungen bey Comödien vor der Hand befreyt bleibt. Sollte aber der Capellmeister, bey irgend einer Vorstellung, die Zwischenacte selbst dirigiren; dann müssen gedachte Cammer Musici beyde, wie bey Opern, zugegen seyn.

9.) Der Capellmeister wird auf Ordnung und Ruhe im Orchester, sowohl wenn er gegenwärtig als abwesend ist, bedacht seyn, auch die Componirung der vorfallenden Gelegenheits Musik bey Hof und beym Theater, als zu seiner Function gehörig, übernehmen.

10.) Das Anfangen der Dienstleistungen geschieht durch den Capelldiener.

11.) Sowohl größere als kleinere Concerte bey Hof werden, wie sie befohlen worden, herzoglicher Commission gemeldet.

12.) Wegen Krankheit oder sonstiger dringender Umstände dispensirt der Capellmeister die ihm untergebenen Capellglieder, an Tagen, wo nichts bedeutendes vorfällt; doch darf von der Musik zu Entreacts, die bey jedem neuen Stück bestimmt wird, besonders bey den Blasinstrumenten und bey Opern niemand fehlen. Ein Urlaub auf längere Zeit, oder gar auswärts wird bey Herzoglicher Commission genommen, welche, nachdem sie das Gesuch mit dem Capellmeister besprochen und überlegt, dasselbe entweder gewährt oder abschlägt.

13.) Übrigens ist die sämmtliche Capelle in allem was das Technische und das Kunstfach, besonders aber die Ausführung betrifft, an den Capellmeister gewiesen und wird dessen Anordnung auf das genauste Genüge leisten. Widersetzlichkeiten und Unfertigkeiten zeigt der Capellmeister bey Herzoglicher Commission an, welche für Remedur ungesäumt Sorge trägt.

14.) Die Anschaffung von Instrumenten und Musicalien geschieht von Herzogl. Commission. Wegen Aufbewahrung der letzteren wird sich Abrede treffen lassen.

Vorstehendes, dächte ich, ließe man nunmehr abschreiben und Herzogliche Commission lüde, je eher je lieber, Herrn Capellmeister Müller ein, bespräche sich mit ihm über die Sache, gäbe ihm gedachte Abschrift, damit derselbe seine Gedanken gleichfalls schriftlich darüber eröffnete. Geschieht dieß innerhalb 14 Tagen, so kann ich darüber auch noch beyräthig seyn.

Jena den 29. April 1810.   G.

Dieser Text spricht für sich und zeigt, daß die Musiker wie in vielen Residenzen so auch in Weimar ungeachtet ihrer künstlerischen Qualitäten immer noch wie Lakaien behandelt wurden und als Teil des Personals streng den Weisungen des Hofes unterworfen waren. Obwohl die Stellung des Hofkapellmeisters deutlich herausgehoben ist, konnte auch für ihn von persönlicher und künstlerischer Unabhängigkeit keine Rede sein. An diesem Zustand fand Goethe grundsätzlich nichts auszusetzen, obwohl er für sich selbst diese künstlerische Unabhängigkeit durchaus beanspruchte. Wahrscheinlich hatten aber die Querelen mit Kranz und Destouches eine solche schriftliche Fixierung herausgefordert.

Während seiner Tätigkeit in Weimar gelang es Müller, das Niveau der Hofkapelle wesentlich zu verbessern, was sich auch auf ihren Einsatz im Musiktheater auswirkte. Wie aus dem Schreiben Goethes anläßlich von Müllers Dienstantritt hervorgeht, setzte er in ihn große Hoffnungen und hegte den Wunsch, daß er sich an seiner Hausmusik beteiligen möge. »Durch Ihre Anstellung in Weimar, mein werthester Herr Capellmeister, ist einer meiner angelegentlichsten Wünsche erfüllt worden, die Musik bey uns recht begründet zu sehen. Ich bin überzeugt, daß Sie dasjenige was Sie vorfinden gar bald auf einen höheren Grad der Vollkommenheit bringen werden, und ob es mir gleich leid thut, daß ich bey dem Anfang Ihrer Beschäftigungen nicht gegenwärtig seyn kann; so werde ich mit desto größerem Vergnügen den schnellen Einfluß Ihrer Bemühungen bey meiner Wiederkunft wahrnehmen. Auch die kleine Singanstalt, die sich

in meinem Hause durch Zufall gebildet und schon einige
Jahre fortgedauert hat, empfehle ich Ihrer freundlichen
Theilnahme, so wie Herrn Eberwein, den Vorsteher dersel-
ben.« (7. Mai 1810)

Müller hat die in ihn gesetzten Hoffnungen nicht ent-
täuscht. Ihm gelang es, die Qualität der Hofmusik auf einen
der Bedeutung des Herzogtums Sachsen-Weimar angemes-
senen Standard zu bringen. Als beliebter Klaviervirtuose
nahm er oft an Goethes Hauskonzerten teil und beriet den
Dichter in musikalischen Fragen. Auch als Komponist
betätigte er sich. Von ihm stammen zwei Klavierkonzerte
und zahlreiche Kammermusikstücke, vor allem für Klavier
und Flöte. Die Belebung der musikalischen Aktivitäten, die
nicht zuletzt dem Einfluß Goethes zu verdanken war, verstärkte sich noch, als 1819, zwei Jahre nach Müllers Tod, der
schon weithin bekannte Klaviervirtuose und Schüler von
Mozart und Haydn, Johann Nepomuk Hummel, für das
Amt des Hofkapellmeisters gewonnen werden konnte. Von
ihm, von seinem Wirken in Weimar und seinem Einfluß auf
Goethes Musikerleben, aber auch von den musikalischen
Aktivitäten am Hoftheater wird an anderer Stelle zu berichten sein.

Musiker als Freunde und Ratgeber

Der Kreis der Freunde und Bekannten Goethes ist nahezu unübersehbar und erstreckt sich auf beide Geschlechter, auf alle Bereiche des Lebens und auf fast alle Schichten der damaligen Gesellschaft. In persönlichen Begegnungen, in der umfangreichen Korrespondenz und den zahlreichen Gesprächen hat er aus der Fülle seiner Erfahrungen und Kenntnisse immer etwas an seine Partner weitergegeben, wie er selbst aus diesen Kontakten einen Gewinn zog, der sein Leben um neue Facetten bereicherte. Immer waren in Goethes Umfeld auch Musiker und Komponisten, die ihm musikalische Erlebnisse vermittelten, mit denen er um ästhetische Fragen der Musik stritt und von denen er sich musiktheoretisch und musikhistorisch beraten ließ. Zu vielen Musikern hatte er enge, ja freundschaftliche Bindungen, die über die fachlichen Berührungspunkte weit hinausgingen. Von einigen dieser Kontakte, von seinen musikliebenden und musikausübenden Partnern, von seinen musikalischen Freunden soll in diesem Kapitel die Rede sein.

Da ist der schon erwähnte Bernhard Theodor Breitkopf zu nennen, dem Goethe während seines Studiums in Leipzig freundschaftlich verbunden war und der als erster Komponist Gedichte von Goethe vertonte. Mit dem Vater der Familie Breitkopf und mit dem Verlag, der ab 1798 unter dem Namen Breitkopf & Härtel weitergeführt wurde, blieb Goethe auch später noch in brieflichem Kontakt.

Von einem anderen Musiker aus der Frankfurter Zeit, Johann André, war bereits im Zusammenhang mit Goethes

ersten Singspielversuchen die Rede. Nicht nur Hillers Singspiele, die Goethe während seines Studiums in Leipzig gehört hatte, auch die schon erwähnte Operette »Der Töpfer«,
deren Text und Musik von Johann André stammten, regten
Goethe an, sich selbst ein Singspiel vorzunehmen. Der nach
französischen Vorlagen und in französischer Manier komponierte »Töpfer« war 1773 mit großem Erfolg in Frankfurt
aufgeführt worden. In einem Brief an die Vertraute dieser
Jahre, Johanna Fahlmer, eine aus Düsseldorf stammende
Stieftante der Brüder Jacobi, lobte Goethe Andrés Musik,
während ihm der Text etwas »einförmig« vorkam. »Das
Stück ist um der Musick willen da, zeugt von der guten
menschenfreundlichen Seele des Verfassers und ist dem Be-
dürfniss unsers Theaters gewachsen, dass Ackteur und Zuschauer ihm folgen können. Hier und da ist eine gute Laune
doch würde seine Einförmigkeit sich ohne Musick nicht erhalten. Die Musick selbst ist auch mit vieler Kenntniss der
gegenwärtigen Kräffte unsrer Theater komponirt. Der Verfasser hat gesucht richtige Deklamation, mit leichter flies-
sender Melodie zu verbinden, und es wird nicht mehr Kunst
erfordert seine Arietten zu singen als zu den beliebten
Kompositionen Hrn. Hillers und Wolfs nötig ist.« (23. November 1773)

Andrés Vertonungen der Goetheschen Texte zu »Erwin
und Elmire« (1775) und »Claudine von Villa Bella« (1778)
fanden in Frankfurt nicht das Gefallen des Publikums.
Beide Singspiele erlebten nur wenige Vorstellungen. Erst in
Berlin, wo Johann André von 1777 bis 1784 als Musikdirektor der Doebbelinschen Theatergruppe erfolgreich wirkte,
wurden beide Stücke mit großer Resonanz aufgeführt.

André war mit den Schönemanns in Frankfurt weitläufig
verwandt, und er hat Goethe wohl auch im Januar 1775 anläßlich eines Konzerts in das Haus der Witwe des Frankfurter
Bankiers Johann Wolfgang Schönemann eingeführt. Hier

lernte Goethe dessen Tochter Anna Elisabeth (Lili) Schönemann kennen, mit der er sich im April desselben Jahres ver-
lobte. Wenn er sich in Offenbach aufhielt, wohnte er gewöhnlich bei Johann André. »Ich war bei ihm einquartiert
und will von diesem allzeit fertigen Dichter und Komponisten nur so viel sagen als hier gefordert wird. Er war ein
Mann von angeborenem lebhaften Talente, eigentlich ein
Techniker und Fabrikant in Offenbach ansässig; er schwebte
zwischen dem Kapellmeister und Dilettanten; in Hoffnung
jenes Verdienst zu erreichen bemühte er sich ernstlich in
der Musik gründlich Fuß zu fassen. Als Letzterer war er ge-
neigt seine Kompositionen ins Unendliche zu wiederholen.«
Beide unterhielten öfter mit Musik und Deklamation die
kleine Gesellschaft bei den Schönemanns, und André
sorgte mit seinen Darbietungen dafür, daß die beiden Lie-
benden, Johann Wolfgang und Lili, möglichst lange beiein-
anderbleiben konnten. »[…] der gute Johann Andrä war
durch wechselweise Verführung der beiden gar leicht in un-
unterbrochene Bewegung zu setzen um bis Nachmitter-
nacht seine Musik wiederholend zu verlängern. Die beiden
versicherten sich dadurch einer werten unentbehrlichen
Gegenwart.« André verließ 1784 Berlin und kehrte, nunmehr auch als Musikverleger, nach Offenbach zurück. Der
unmittelbare Kontakt zu Goethe war abgerissen, und nur
mit dem Sohn gab es später von Weimar aus eine geschäft-
liche Korrespondenz.

Von Goethes Jugendfreund Philipp Christoph Kayser wurde schon im Italien-Kapitel ausführlich gesprochen. Goethe
hat diesen Musiker von Anfang an falsch eingeschätzt. Der
zurückhaltende, fast scheue Kayser, 1755 in Frankfurt geboren, galt unter den Freunden des jugendlichen Goethe als
musikalisches Genie. Goethe hat viele Jahre an sein Talent
geglaubt, ihm immer wieder konkrete Projekte vorgeschla-
gen und vergeblich versucht, ihn zu dem musikalischen Ge-

nie, wie er es verstand, zu machen. Im Frühjahr 1775 ging Kayser, wahrscheinlich auf Empfehlung Lavaters, als Musiklehrer nach Zürich, wo Goethe ihn während seiner ersten Schweizer Reise im Juni zweimal besuchte. Von Weimar aus schickte er ihm 1776 einige seiner Gedichte und ermunterte ihn zur Vertonung. Als Goethe 1779 erneut mit ihm in Zürich zusammentraf, bekam Kayser den Auftrag, die Musik zu dem Singspiel »Jery und Bätely« zu schreiben, das während dieser Reise in die Schweiz entstanden war. Ende Dezember übersandte er den Text: »Ich schike Ihnen hier, lieber Kaiser eine Operette die ich unterweeges für Sie gemacht habe. Es sind die aller einfachsten Umrisse, die Sie nunmehr mit Licht, Schatten und Farben herausheben müssen wenn sie frappiren und gefallen sollen. Über das Stük selbst will ich Ihnen nichts sagen biss Sie es gelesen haben, alsdann bitt' ich dass Sie mir weitläufig schreiben ob Sie's unternehmen wollen und wie Sie's anzugreiffen gedenken.« Kayser hatte Bedenken, so daß ihn Goethe am 20. Januar 1780 in einem weiteren Brief zu dieser Arbeit ermunterte. Er gab dem Komponisten detaillierte Anweisungen, wie er im einzelnen verfahren solle: »Sie haben in dem Augenblick da ich dieses schreibe, vielleicht schon mehr über das Stük nachgedacht als ich Ihnen sagen kann, doch erinnre ich Sie nochmals machen Sie sich mit dem Stüke recht bekannt ehe Sie es zu komponiren anfangen, disponiren Sie Ihre Melodien Ihre Accompagnements u. s. w. dass alles aus dem Ganzen und in das Ganze hinein arbeitet. Das Accompagnement rathe ich Ihnen sehr mässig zu halten nur in der Mässigkeit ist der Reichthum, wer seine Sache versteht thut mit zwei Violinen, Viole und Bass mehr als andre mit der ganzen Instrumentenkammer. Bedienen Sie sich der blasenden Instrumenten als eines Gewürzes und einzeln; bei der Stelle die Flöte, bei einer die Fagot, dort Hautbo, das bestimmt den Ausdruk und man weis was man geniesst, anstatt dass die meisten neure Componisten, wie die Köche bei den Speissen einen Hautgout von allerlei anbringen, darüber Fisch wie Fleisch und das Gesottne wie das Gebratne schmekt. Recitatif brauchen Sie nach meiner Anlage gar nicht, wenn Sie an einem Orte den Gang einhalten, die Bewegung mässigen wollen, so hängt es von Ihnen ab solches durchs Tempo, allenfalls durch Paussen zu bewürken, doch bleibts Ihnen ganz frei wie sichs Ihnen im geistigen Ohre vorstellt. Ich bin neugierig Ihre Gedanken über das Stük zu hören.« Die Komposition kam, wie wir wissen, nicht zustande, und das Singspiel »Jery und Bätely« wurde in der Vertonung von Seckendorff in Weimar uraufgeführt.

Als Kayser auf Einladung Goethes von Januar bis Mai 1782 in Weimar weilte, wurden erneut weitere Pläne zu gemeinsamen Singspielen geschmiedet. Um seinem Freund mehr Mut, schöpferischen Schwung und musikalische Anregung zu verschaffen, empfahl er ihm einen Studienaufenthalt in Wien bei dem berühmten Opernkomponisten Christoph Willibald Gluck, doch Kayser zauderte, und die Reise kam nicht zustande. Im April 1785 sandte Goethe einen neuen Text nach Zürich, das Singspiel »Scherz, List und Rache«. Wieder folgten der Sendung in einem Brief vom 25. April 1785 ausführliche Hinweise über die Art der möglichen musikalischen Gestaltung. »Ich freue mich daß Sie an dem kleinen Singspiel eine Art von italiänischer Gestalt gefunden haben, geben Sie ihr nun den Geist damit sie lebe und wandle. [...] Ich erwarte nun Ihre Fragen um nichts überflüssig zu schreiben. Auf Ihre erste und vorläufige folgendes. Ich habe im Rezitativ weder den Reim gesucht noch gemieden. Deswegen ist es meist ohne Reim, manchmal aber kommen gereimte Stellen in demselben vor, besonders wo der Dialog bedeutender wird, wo er zur Arie übergeht, da denn der Reimanklang dem Ohre schmeichelt. Weiter ist keine Absicht dabey und gedachte Stellen bleiben deswegen immer Rezitativ, der Componist mag sie nachher trocken oder begleitet ausführen. Eben so zeichnet sich, was nach meiner Absicht, melodischer Gesang seyn sollte, durch den Rhytmus aus, wobey dem Componisten freybleibt bey einigen Arien zu verweilen und sie völlig auszubilden, andre nur als Cavatinen pp vorübergehen zu lassen, wie es der Carackter der Worte und der Handlung erfordert. Sollten Sie aber da wo ich Rezitativ habe, eine Arie, und wo ich Arie habe, ein Rezitativ schicklicher finden; so müssten Sie mir es erst schreiben, damit die Stelle gehörig verändert würde.« Bis Mai 1786 trafen in Weimar Sendung für Sendung mit den bisher fertiggestellten Stücken ein. Goethe lobte das Vorliegende und erwies sich seinem Freund gegenüber von erstaunlicher Langmut. Ein Jahr später arbeitete dieser einen Großteil der Komposition noch einmal um, gab das Ganze aber schließlich 1789 mit Goethes Zustimmung auf.

In seiner Unsicherheit und Verschlossenheit war Kayser sicher kein einfacher Mensch, der zudem die in ihn gesetzten Erwartungen nicht erfüllen konnte. Doch war er der erste Musiker, mit dem Goethe über einen längeren Zeitraum ein fachlich geprägtes Gespräch führte. Solange es dabei um Oper und Singspiel ging, war Goethe der Gebende und Anregende, indem er versuchte, vom Wort her musikalische Gestaltungsprinzipien zu entwickeln und sie Kayser zu vermitteln. Anders gestaltete sich das Verhältnis in Italien, als Kayser seinen Freund in die barocke Kirchenmusik im Umfeld des Vatikans einführte. Hier war der Komponist mit seinen instrumentalen Fähigkeiten und seinem Musikwissen der Gebende, was von Goethe uneingeschränkt anerkannt wurde. Um 1790 lockerte sich die Freundschaft, bis der Kontakt schließlich ganz aufhörte, ohne daß sich Unmut oder Zorn eingestellt hätte. Für die intensive Auseinandersetzung über Musik fand Goethe in dem Berliner Kapellmeister und Komponisten Johann Friedrich Reichardt einen neuen und kompetenten Partner.

Obwohl Goethe in dem vielgereisten, gebildeten und geistreichen Reichardt einen eher ebenbürtigen Gesprächspartner fand, hatte auch dieses Verhältnis seine Schwierigkeiten und Trübungen. Johann Friedrich Reichardt wurde am 25. November 1752 in Königsberg als Sohn des Stadtpfeifers und Lautenisten Johann Reichardt geboren. Als seine Begabung schon früh zutage trat, erteilte ihm der Vater den ersten Musikunterricht, an den sich eine gute Ausbildung im Spiel auf der Violine bei Franz Adam Veichtner, dem späteren Hofkapellmeister in St. Petersburg, und auf dem Klavier bei dem Königsberger Domorganisten Carl Gottlieb Richter anschloß. Auf dem Klavier machte er so gute Fortschritte, daß er zeitweise als Wunderkind galt. 1767 nahm er in Königsberg ein juristisches Studium auf, das ihn auch in Vorlesungen von Immanuel Kant führte. Mit achtzehn Jahren zog es ihn in die Welt hinaus. Er ging nach Danzig und setzte anschließend seine Studien in Leipzig fort, wo er sich bei Johann Adam Hiller auch musikalisch weiter ausbildete. In Dresden nahm er Unterricht bei Gottfried August Homilius, einem Schüler Johann Sebastian Bachs, der zunächst das Organistenamt an der Frauenkirche innehatte und ab 1755 als Kantor an der Kreuzschule wirkte. Ab 1771 reiste Reichardt als Cembalist durch viele Städte Mitteleuropas. Im Zusammenhang mit dieser Konzerttätigkeit knüpfte er zahlreiche Verbindungen zu Musikern und Literaten. Durch eine glückliche Fügung wurde er 1775 zum Hofkapellmeister Friedrich des Großen und zum Kapellmeister der Königlichen Oper in Berlin ernannt. Hier richtete er, angeregt durch das Pariser Vorbild, die »Concerts spirituels« ein, in denen während der Passionszeit geistliche Werke aufgeführt wurden. Reisen führten ihn auch nach England zu Händel und nach Paris zu Gluck. Reichardt war nicht nur ein begabter Musiker, sondern auch ein fleißiger Komponist. Neben Opern, Singspielen und Kirchenmusik, neben etlichen Sinfonien und vierzehn Klavierkonzerten stehen ein großes Œuvre an Kammermusik für verschiedene Instrumente und etwa tausend Lieder für Singstimme und Klavierbegleitung.

Überall ließ Reichardt sich anregen, überall schloß er Bekanntschaften. Mit dem Berliner Pianisten und Musiklehrer Abraham Peter Schulz, der von 1780 bis 1787 als Hofkomponist und Hofkapellmeister Prinz Heinrichs in Rheinsberg wirkte, bevor er 1790 als Hofkapellmeister nach Kopenhagen ging, war Reichardt befreundet. Beiden lag zusammen mit Zelter die Entwicklung eines deutschen Liedes am Herzen, das die »erste Berliner Liederschule« im Umkreis Carl Philipp Emanuel Bachs und des Literaten und Musikers Christian Gottfried Krause überwinden und stärker die Worte des Dichters zur Geltung kommen lassen sollte. Schlichtheit und Einfachheit sollten es dem Volkston nähern. Das bedeutete eine Abkehr von den bis dahin vorherrschenden musikalischen Oden und den Vertonungen der leicht frivolen Anakreontik der Aufklärung und Empfindsamkeit, wie sie diese »erste Berliner Liederschule« prägten. Neue literarische Maßstäbe setzten hier mit Hölty, Voß, Gleim und Claudius die Dichter des Göttinger Hainbunds und des Musenalmanachs und schließlich auch der Weimarer Kreis um Herder, Goethe und Schiller. Sie beeinflußten durch die neue, von persönlichem Erleben geprägte Lyrik auch die Kompositionsweise dieser »zweiten Berliner Liederschule«. Vor allem Goethes sprachlich frische und wahres Empfinden spiegelnde lyrische Gedichte begeisterten Reichardt und regten ihn zu seinen Liedkompositionen an. In Melodieführung, Harmonik und Ausdruckskraft ging er über das Einfach-Schlichte hinaus, ohne daß die Musik den Text dominierte.

Reichardts erste Lieder auf Texte von Goethe entstanden

1780. Ob sie zu diesem Zeitpunkt auch schon dem Dichter bekannt wurden, wissen wir nicht. Der erste persönliche Kontakt kam erst 1789 zustande. Am 23. April traf der Berliner Kapellmeister in Weimar ein. In seinem Reisegepäck brachte er die Musik zum Singspiel »Claudine von Villa Bella« mit. Teile daraus spielte er Goethe vor, der von dem, was er da hörte, recht angetan war. Reichardt blieb bis zum 4. Mai, und der Gedankenaustausch dürfte für beide von Gewinn gewesen sein, auch wenn Reichardt nach Beobachtung von Zeitgenossen bei allem persönlichen Charme manchmal auf eine unangenehme Art zudringlich sein konnte. So charakterisierte ihn Schiller 1789 in einem Brief an seine Frau ziemlich abfällig: »Einen impertinenteren Menschen findet man schwerlich, der Himmel hat mich ihm auch in den Weg geführt, und ich habe seine Bekanntschaft ausstehen müssen. Kein Papier im Zimmer ist vor ihm sicher; er mischt sich in alles, und wie ich höre, muss man sehr gegen ihn mit Worten auf der Hut sein.« Goethe konnte über so etwas hinwegsehen, war er doch von der geistigen Beweglichkeit, dem Ideenreichtum und den über das Musikalische hinausgehenden Kenntnissen des Kapellmeisters sehr eingenommen. Zudem hatte die Aufführung der Reichardtschen Fassung von »Claudine von Villa Bella« vor geladenen Gästen eine begeisterte Aufnahme gefunden. In seinem Brief vom 15. Juni dankte ihm Goethe für seinen Besuch und die Vertonung der »Claudine«: »Für Ihren Besuch wie für Ihre Briefe, dancke ich Ihnen später, aber nicht minder aus gutem Herzen und wünsche zur bevorstehenden Aufführung Claudinens das beste Glück. Daß Sie meine Jamben vor der prosaischen Fäulniß verwahrt haben, ist mir sehr angenehm.«

Noch im selben Jahr regte ihn Reichardt an, das Libretto zu einer »ernsthaften Oper« für die Berliner Bühne zu schreiben. Goethe war zunächst interessiert und schlug

einen Stoff aus der nordischen Mythologie und dem Os-
sian-Umkreis vor. Im November 1789 bat er Reichardt um
nähere Informationen über das Berliner Theater: »Zu einem
deutschen Texte zu einer ernsthaft genannten Oper kann
Rath werden, nur müßte ich vor allen Dingen näher von
dem Bedürfniß Ihres Theaters, vom herrschenden Geschmack, vom Möglichen auf Ihrer Bühne pp. Unterrichtet
seyn. Man kann, wie Sie wohl wissen, ein solches Werck auf
mehr als eine Weise anlegen und ausführen. Der beste Ef-
feckt ist wenn es den Schauspielern recht auf den Leib ge-
paßt und wenn dem Lieblings Geschmack des Publicums
geschmeichelt wird, ohne daß man ihnen das schon Ge-
wohnte bringt. Also erwarte ich darüber mehr. Auch kann
ich unter einem Jahre solch ein Opus nicht liefern.« In
cinem weiteren Brief bat er sogar um die Zusendung der
Textbücher von Opern, die »seit dem Regierungsantritt des
Königs« in Berlin gespielt wurden, wohl in der Absicht, im
Sujet möglichst den Zeitgeschmack zu treffen und den
Wünschen des Publikums entgegenzukommen. Ein Jahr
später, im Oktober 1790, teilte er Reichardt schließlich seinen Entschluß mit, das Vorhaben eines Textes zu einer Opera
seria aufzugeben. »Eine große Oper zu unternehmen würde
mich jetzt viel Resignation kosten, ich habe kein Gemüth zu
allem diesen Wesen, wenn es aber der König befehlen sollte,
so will ich mit Vergnügen gehorchen, mich zusammen nehmen und nach bestem Vermögen arbeiten.« Es blieb also für
Reichardt bei der Vertonung von Singspieltexten und verschiedenen Schauspielmusiken, so zu »Egmont«, »Iphigenie
auf Tauris«, »Torquato Tasso«, »Clavigo«, »Götz von Ber-
lichingen« und zum »Faust«, die weitgehend verlorengin-
gen. Seine Vertonungen der Singspiele »Jery und Bätely«,
»Erwin und Elmire« und »Lila«, entstanden zwischen 1789
und 1791, fanden bei zahlreichen Aufführungen in Berlin
durchaus den Erfolg, den Goethe sich erhofft hatte. Seine

wachsende Begeisterung verführte Reichardt 1790 zu der vollmundigen Ankündigung, eine sechsteilige Sammlung »Musik zu Goethes Werken« herausgeben zu wollen. 1793 erschienen drei Bände, in denen neben den Singspielvertonungen etwa dreißig Lieder vor allem bemerkenswert sind.

In der Folgezeit kam es zwischen Dichter und Komponisten zu erheblichen Spannungen. Wegen Äußerungen, die seine geistige Nähe und Sympathie für die Französische Revolution bekundeten, war Reichardt in Konflikt mit bestimmten Kreisen des preußischen Königshauses geraten und 1794 aus dem Hofdienst entlassen worden. 1796 wurde der Konflikt beigelegt, allerdings ohne daß man den Musiker in seine alte Funktion wiedereinsetzte. Statt dessen wurde er zum Salinendirektor in Halle ernannt und bezog Wohnung im nahen Giebichenstein, wo er sich vor allem im Sommer aufhielt, während er im Winter wieder aktiv am Musikleben in Berlin teilnahm.

Im Zusammenhang mit diesen Querelen kam es zwischen Goethe und Reichardt zu einer länger währenden Entfremdung, die durch eine Auseinandersetzung auf journalistischer Ebene vertieft wurde. Reichardt hatte die Zeitschrift »Deutschland« gegründet, in der er seine Ansichten über die Französische Revolution und über die Notwendigkeit gesellschaftlicher Veränderungen auch auf deutschem Boden verbreitete. In den »Horen«, der literarischen Zeitschrift von Schiller und Goethe, wurde dagegen polemisiert. Der Streit fand auch in den Xenien seinen Niederschlag, so in diesem direkt auf die Person Reichardts gemünzten Distichon:

Zeichen des Skorpions

Aber nun kommt ein böses Insekt aus G – b – n her,
    Schmeichelnd naht es; ihr habt, flieht ihr nicht eilig,
        den Stich.

Oder in dem auf die Zeitschrift »Deutschland« und seinen Herausgeber zielenden Zweizeiler:

Das Journal *Deutschland*
Alles beginnt der Deutsche mit Feierlichkeit und so
  zieht auch
  Diesem deutschen Journal blasend ein Spielmann
  voran.

Aus dieser politischen Einstellung Reichardts und aus der öffentlichen Auseinandersetzung ergab sich für Goethe, wie er in den Tag- und Jahres-Heften für das Jahr 1795 festhielt, ein »widerwärtiges Verhältnis mit Kapellmeister Reichardt. Man war mit ihm, ungeachtet seiner vor- und zudringlichen Natur, in Rücksicht auf sein bedeutendes Talent, in gutem Vernehmen gestanden, er war der erste, der mit Ernst und Stetigkeit meine lyrischen Arbeiten durch Musik ins Allgemeine förderte, und ohnehin lag es in meiner Art aus herkömmlicher Dankbarkeit unbequeme Menschen fortzudulden, wenn sie es mir nicht gar zu arg machten, alsdann aber meist mit Ungestüm ein solches Verhältnis abzubrechen. Nun hatte sich Reichardt mit Wut und Ingrimm in die Revolution geworfen; ich aber [...] hielt ein- für allemal am Bestehenden fest [...] und konnte und wollte diese Gesinnung nicht verhehlen. Reichardt hatte auch die Lieder zum Wilhelm Meister mit Glück zu komponieren angefangen, wie denn immer noch seine Melodie zu: ›Kennst du das Land‹, als vorzüglich bewundert wird. Unger [Goethes Berliner Verleger] teilte ihm die Lieder der folgenden Bände mit, und so war er von der musikalischen Seite unser Freund, von der politischen unser Widersacher, daher sich im Stillen ein Bruch vorbereitete, der zuletzt unaufhaltsam an den Tag kam.«

Die Entfremdung endete im Januar 1801 nach der schweren Erkrankung Goethes, von der Reichardt in Giebichenstein erfuhr. Am 25. Januar schrieb er nach Weimar: »Alle meine bisherigen Bedenklichkeiten, mich Ihnen wieder eigenwillig zu nähern, verschwinden; ich denke, ich fühle nur das Glück, Sie wieder außer Gefahr zu wissen, und mein Herz treibt mich unwiderstehlich an, es Ihnen zu sagen, daß ich erst seit dieser Nachricht wieder ganz glücklich bin.« Dann zählt er auf, mit welchen Texten des Dichters er sich kompositorisch beschäftigte, und fährt fort: »Bestätigen Sie es uns mit irgend einem kleinen Lebenszeichen, daß jede nahe Gefahr entfernt ist; Sie werden viele edle, tiefbekümmerte Seelen dadurch beruhigen.« In seiner Antwort schlug auch Goethe einen versöhnlichen Ton an: »Wie angenehm Ihr Brief mir, in diesem Sinne, war, sagen Sie sich selbst, mit der Herzlichkeit, mit der er geschrieben ist. Ein altes gegründetes Verhältniß wie das unsrige konnte nur, wie Blutsfreundschaften, durch unnatürliche Ereignisse gestört werden. Um so erfreulicher ist es, wenn Natur und Überzeugung es wieder herstellt. […] Das erste höhere Bedürfniß, was ich nach meiner Krankheit empfand, war nach Musik, das man denn auch, so gut es die Umstände erlaubten, zu befriedigen suchte. Senden Sie mir doch ja Ihre neusten Compositionen, ich will mir und einigen Freunden damit einen Festabend machen.« (5. Februar 1801) Die Korrespondenz und gelegentliche gegenseitige Besuche wurden wieder aufgenommen und bis 1810, vier Jahre vor Reichardts Tod, weitergeführt.

Die im Dreißigjährigen Krieg zerstörte Burg Giebichenstein war Ende des 18. Jahrhunderts Ziel und Treffpunkt der studentischen Jugend aus dem nahen Halle. Die Ruine hoch oben auf dem Felsen über der Saale wurde zum Schauplatz von Geselligkeiten, Theateraufführungen und Lesungen und inspirierte manchen jungen Dichter. Reichardt hatte 1794 das unterhalb der Burg gelegene Gut Giebichenstein gekauft und in kurzer Zeit einen großen, wegen seiner

Schönheit bald berühmten Garten angelegt. Hier versammelte sich ein Kreis romantischer Schriftsteller, zu dem die Brüder August Wilhelm und Friedrich Schlegel, Clemens Brentano, Ludwig Tieck, Novalis, Achim von Arnim, der Philosoph Friedrich Wilhelm Schelling und der junge Joseph von Eichendorff gehörten und an deren Treffen auch Goethe mehrmals teilnahm. In seiner späten autobiographischen Skizze »Halle und Heidelberg« schildert Eichendorff, der damals an der Hallenser Universität studierte, welche Wirkung die Burgruine, das Gut Giebichenstein und sein wilder Garten auf ihn hatten: »Der nahe Giebichenstein mit seiner Burgruine, an die sich die Sage von Ludwig dem Springer knüpft, war damals noch nicht englisiert und eingehegt, wie jetzt, und bot in seiner verwilderten Einsamkeit eine ganz artige Werkstatt für ein junges Dichterherz. [...] Völlig mystisch dagegen erschien gar vielen der am Giebichenstein belegene Reichhardsche Garten mit seinen geistreichen und schönen Töchtern, von denen die eine Goethesche Lieder komponierte, die andere sogar Steffens' [Henrik Steffens, Naturphilosoph und Schriftsteller, 1773–1845] Braut war. Dort aus den geheimnisvollen Bosketts schallten oft in lauen Sommernächten, wie von einer unnahbaren Zauberinsel, Gesang und Gitarrenklänge herüber; und wie mancher junge Poet blickte da vergeblich durch das Gittertor, oder saß auf der Gartenmauer zwischen den blühenden Zweigen die halbe Nacht, künftige Romane vorausträumend.«

In der Person Reichardts war Goethe zum erstenmal ein gebildeter, ideenreicher Gesprächspartner in musikalischen Fragen und zu konkreten Problemen des Musiktheaters begegnet. Zudem glaubte er, endlich den Komponisten gefunden zu haben, der seine Texte angemessen und doch originell zu vertonen wußte, indem die Musik dem Wort zusätzlich Kraft und Nachdruck verlieh.

Zur Jahrhundertwende entwickelten sich zunächst ganz zurückhaltende briefliche Kontakte zu einem anderen Berliner Musiker, zu Carl Friedrich Zelter. Aus diesen Anfängen entstand eine mehr als dreißig Jahre währende Freundschaft und ein enges Gespräch über Musik und musikalische Fragen. Doch darüber soll in einem gesonderten Kapitel berichtet werden (vgl. S. 142 ff.).

Erinnert sei schließlich an einen Musiker, dem Goethe vor allem die praktische Begegnung mit bedeutenden Werken des Barock und der Klassik sowie Einblicke in musikhistorische Zusammenhänge verdankte. Gemeint ist der Badeinspektor – heute würde man Kurdirektor sagen – eines Heilbades in der Nähe von Weimar. In dem kleinen Ort Berka an der Ilm, einige Kilometer südlich von Weimar, war 1813 auf Anregung Goethes ein Schwefelbad eröffnet worden, zu dessen Inspektor der Berkaer Lehrer und Organist Johann Heinrich Friedrich Schütz ernannt wurde. Schütz war von einem der letzten Bach-Schüler, dem Erfurter Organisten Johann Christian Kittel, ausgebildet worden. In seinem Besitz fanden sich Originalnoten von Johann Sebastian Bach, die ihm vermutlich sein Lehrer Kittel überlassen hatte. Wenn sich Goethe in Berka aufhielt, wohnte er bei dem Organisten und ließ sich von ihm auf dem Klavier vorspielen. Dieser war seinerseits regelmäßig zu Gast im Haus am Frauenplan, wo er zunächst auf dem Klavier und ab September 1821 auf dem Flügel spielte, den Goethe von dem Wiener Klavierbauer Johann Andreas Streicher in Leipzig gekauft hatte – kurioserweise jenem Streicher, der mit Friedrich Schiller 1782 aus der Karlsschule in Stuttgart nach Mannheim geflohen war.

Schütz aus Berka, der »ausgezeichnete Pianist und Organist«, wie ihn Riemer titulierte, spielte Goethe nach Tisch vor, trug mit seiner Musik zur Entspannung in Phasen angestrengter Arbeit bei und unterhielt den Dichter und seine

JOHANN HEINRICH FRIEDRICH SCHÜTZ (1779–1829)
Bleistiftzeichnung von Josef Schmeller, 1825
Stiftung Weimarer Klassik

Lehrer, Organist und Badeinspektor in Berka bei Weimar;
er hat Goethe durch sein regelmäßiges Klavierspiel
vor allem die Musik Johann Sebastian Bachs nahegebracht.

Gäste am Abend, so daß er gelegentlich in Goethes Haus
übernachtete. Die Annalen auf das Jahr 1814 erwähnen zum
erstenmal Schütz' diesbezügliche Aktivitäten: »Musikalische Aufmunterung durch Zelters Gegenwart und durch
Inspektor Schützens Vortrag der Bachischen Sonaten.«
Zwischen 1814 und 1826 notierte Goethe weit über hundert
Besuche und Begegnungen. Oft heißt es nur: »Badeinspektor zu Mittag.« Von den vielen Eintragungen sind vor allem
die von Interesse, in denen Goethe mitteilt, welche Musik
ihm Schütz vorgespielt habe. Besonders häufig werden Johann Sebastian Bach und sein Sohn Carl Philipp Emanuel
erwähnt, außerdem Händel und Mozart: »Der Badeinspec-
tor auf dem Clavier gespielt von Mozart« (10. Juni 1814),
»Abends Bachische Sonaten durch Schütz« (20. Juni 1814),
»Bade Inspector. Em. Bachische Sonaten« (29. April 1815),
»Mittag der Badeinspector, spielte Sonaten von Philipp
Emanuel Bach« (14. Juni 1816), »Badeinspector Schütz der
Bachische Kompositionen [spielte]« (6. Juli 1816), »Mittag
der Badeinspector. Musik. Sebastian Bach« (11. Januar 1817),
»Mittag Badeinspector Schütz. Händelsche Fugen gespielt«
(18. Januar 1817), »Badeinspector. Händel'sche und Bach'-
sche Compositionen vorgetragen« (8. März 1817), »Badeinspector Schütz. Spielte nach Tische die Bachischen Präludien« (16. Januar 1819).

Die Musik, die Goethe bei diesen Gelegenheiten von
Schütz hörte, kehrte dann als Thema im Briefwechsel mit
Zelter wieder. Goethe lauschte dem oft mehrstündigen
Klaviervortrag im Liegen und mit geschlossenen Augen.
Manchmal vermittelte ihm Schütz, der über eine reichhal-
tige Notensammlung verfügt haben muß, am Klavier die
musikhistorische Entwicklung. So heißt es im Januar 1819
an Zelter: »Bei dieser Gelegenheit muß ich erzählen, [...]
daß ich drei Wochen anhaltend in Berka zubrachte, da mir
denn der Inspektor täglich drei bis vier Stunden vorspielte

und zwar, auf mein Ersuchen, nach historischer Reihe: von Sebastian Bach bis zu Beethoven, durch Philipp Emanuel, Händel, Mozart, Haydn durch, auch Dussek und dergleichen mehr.« Durch den Badeinspektor gewann Goethe ein besonderes Verhältnis zur Musik Johann Sebastian Bachs. Er lernte die Präludien und Fugen aus dem »Wohltemperierten Klavier« kennen und schätzte besonders die Fugen.

Ende April 1816 wurde Berka von einer furchtbaren Brandkatastrophe heimgesucht, über die Goethe am 3. Mai an Zelter berichtete: »Das gute Berka an der Ilm, wo wir zusammen mit Wolf und Weber und Duncker auf so mannigfaltige Weise gelebt haben! Denke dir nun erst, das hübsche Wiener Klavier des Organisten Schütz, seine Sebastian, Philipp Emanuel Bache u. s. w. dieses Berka ist vom 25n auf den 26n April. von der Erde weggebrannt. Mit ungeheurer Geistesgegenwart und mit Hülfe von Wohlwollenden ist das Klavier gerettet und noch manches vom Haushalt, worüber man erstaunt, höchstens in 7 Minuten: denn ein gewaltsames bei einem Bäcker aufgetriebenes Feuer, warf um halb zwölf in der Nacht die Flammen rings umher. Alle des Organisten alte von Kittel in Erfurt noch erworbene Bache und Händel sind verbrannt, und bloß durch einen närrischen Zufall oder Zurichtung, daß er sie aus der bisherigen Unordnung in Ordnung in eine etwas abgelegene Kammer gebracht.« Einige Zeilen weiter bat Goethe den Freund, ihm Noten von Härtel, also vom Verlag Breitkopf & Härtel in Leipzig, zu besorgen, damit er Schütz eine Freude machen könnte, wobei er nicht zuletzt an sich als Nutznießer dachte. In diesem Sinne schenkte er dem Organisten Schütz Weihnachten 1818 Noten, die auch ihn erquicken und erbauen sollten, wie er Zelter anvertraute: »Nun habe ich das wohltemperierte Klavier, so wie die Bachischen Choräle gekauft und dem Inspektor zum Weihnachten verehrt, womit er mich denn, bei seinem hiesigen Besuchen erquicken, und, wenn ich wieder zu ihm ziehe, auferbauen wird.« In das Notenheft der Bachschen Choräle schrieb Goethe dieses dem Badeinspektor gewidmete Gedicht:

> Laß mich hören, laß mich fühlen,
> Was der Klang zum Herzen spricht;
> In des Lebens nun so kühlen
> Tagen spende Wärme, Licht.
>
> Immer ist der Sinn empfänglich,
> Wenn sich Neues, Großes beut,
> Das ureigen, unvergänglich,
> Keines Krittlers Tadel scheut,
>
> Das aus Tiefen sich lebendig
> Zu dem Geisterchor gesellt,
> Und uns zwanglos und selbständig
> Auferbauet eine Welt.
>
> Tritt der Jünger vor den Meister,
> Sei's zu löblichem Gewinn,
> Denn die Nähe reiner Geister
> Geistigt aufgeschlossenen Sinn.
>
> Weimar, Weihnachten 1818   Goethe

Das lange verschollene und erst 1925 wiederentdeckte Gedicht drückt in der Sprache der Poesie aus, was ihm die Musik Bachs, durch Schütz vermittelt, bedeutete.

Als Goethe 1775 in Weimar eintraf, war der große Johann Sebastian Bach, der hier so fruchtbar gewirkt hatte, vergessen. Vergessen war auch, wie schmählich ihn der damalige Herzog Wilhelm Ernst nach anfänglicher großer Wertschätzung schließlich behandelt hatte. Bach hatte seine erste Stelle in Weimar 1703 als Organist an der Privatkapelle des Herzogs Johann Ernst III. erhalten, bevor er wenige

Monate später nach Arnstadt ging. Nach einer weiteren kurzen Organistentätigkeit in Mühlhausen kehrte er – nun als Hoforganist und Kammermusikus der Hofkapelle – 1708 nach Weimar zurück, wo er neun Jahre tätig war.

Die politischen Verhältnisse im Herzogtum Sachsen-Weimar waren nicht einfach. Das kleine Land wurde seit 1683 von den beiden Brüdern Herzog Wilhelm Ernst, der in der Wilhelmsburg residierte, und Herzog Johann Ernst III., er bewohnte das Rote Schloß, gemeinsam regiert. Schon bald nach seinem Regierungsantritt baute Johann Ernst III. die vom Vater aufgelöste Hofkapelle wieder auf. Johann Ernst starb 1707, und zwei Jahre später nahm sein ältester Sohn Ernst August die Stelle des Mitregenten ein. Bach war dem für die Hofkapelle zuständigen Regenten Wilhelm Ernst unterstellt und wurde von diesem in Anerkennung seiner musikalischen Fähigkeiten durchaus bevorzugt behandelt. Doch engere persönliche Beziehungen entwickelten sich zum mitregierenden Neffen, der, wie schon sein Vater, musikalisch begabt und interessiert war, Geige und Trompete spielte und regelmäßig Noten für die Hofbibliothek anschaffen ließ.

Anfang 1714 wurde in den »Nachrichten bey dem Fürstlichen Hofmarschallamt Weimar zur Wilhelmsburg« mitgeteilt: »Am 2. März 1714 haben des regierenden Herrn Herzogs Hochfürstliche Durchlaucht dem bisherigen Hof-Organisten Bachen auf sein unterthänigstes Ansuchen das Prädicat eines Concert-Meisters mit angezeigtem Range nach dem Vice-Capellmeister Dreßen gnädigst conferiret, dargegen Er Monatlich neue Stücke aufführen, und zu solchen die Capell Musici auf sein Verlangen zu erscheinen schuldig und gehalten sein sollen.« Durch ein weiteres Dekret ein Jahr später wurde Bachs Jahresgehalt entsprechend erhöht und ihm bei Nebeneinkünften und Geschenken »Capellmeistersportion« gewährt. Er konnte damit seine

ohnehin bevorzugte Stellung an der herzoglichen Hofkapelle und im Verhältnis zum kränkelnden Hof-Kapellmei-
ster Johann Samuel Drese bedeutend ausbauen. Allerdings
war der höfische Rang des »Concertmeisters« dem des Vize-
kapellmeisters untergeordnet, welches Amt Dreses Sohn
Johann Wilhelm innehatte. Insofern konnte Bach kaum
hoffen, zum Nachfolger Dreses befördert zu werden. Diese
drei Musiker, fünf weitere Instrumentalisten und sieben
Sänger bildeten den Kern der Weimarer Hofkapelle. Hinzu
kamen eine nicht näher bekannte Zahl nebenamtlicher Mitglieder aus der Dienerschaft und acht Sänger aus dem Gymnasium. Bei Bedarf verstärkten die Weimarer Stadtmusiker
die Hofkapelle. Das kleine Ensemble genoß in diesen Jahren einen vorzüglichen Ruf weit über die Grenzen des Herzogtums Sachsen-Weimar hinaus.

In Weimar entstanden Bachs große Orgelwerke, ein be-
deutsamer Teil seiner Kantaten für den sonntäglichen Gottesdienst und das Weimarer Orgelbüchlein. Hier hatte Bach
viele Werke der italienischen Musik, die von der Hofkapelle
gespielt wurden, für die Orgel umgeschrieben. Aus dem
Kreis seiner Schüler in Weimar gingen viele tüchtige Organisten und Kantoren im thüringischen Raum hervor. Auch
der Mitregent Ernst August, der Großvater von Goethes
herzoglichem Freund Carl August, der nach dem Tode seines kinderlosen Onkels alleiniger Herzog von Sachsen-Weimar wurde, und sein musikalisch hochbegabter Halbbruder
Johann Ernst, der mit nur neunzehn Jahren starb, wurden
von Bach in die Musik eingeführt und im Spiel auf dem
Cembalo unterwiesen.

Als nach dem Tod des alten Drese 1717 wie erwartet dessen mittelmäßig begabter Sohn Johann Wilhelm zum Kapellmeister ernannt und Bach beim herzoglichen Auftrag,
eine Kantate für das zweihundertjährige Reformations-
jubiläum zu komponieren, übergangen wurde, reichte die-

ser beim Herzog Wilhelm Ernst seinen Abschied ein. Doch der wollte dem Gesuch nicht stattgeben, und als Bach seine Bitte dringlicher wiederholte, wurde er für vier Wochen wegen »Halsstarrigkeit« in Haft genommen, bevor er ungnädig entlassen wurde und an den Hof in Köthen wechseln konnte. Am 6. November, so das entsprechende Dekret, wurde »der bisherige Concert-Meister und Hof-Organist, Bach, wegen seiner halsstarrigen Bezeugung und zu erzwingenden Dimission, auf der Landrichter-Stube arretiret, und endlich den 2. Dec. darauf, mit angezeigter Ungnade, ihm die Dimission durch den Hof-Secretarius angedeutet, und zugleich des Arrests befreyet worden«.

Wenn der Berkaer Organist dem Geheimen Rat Präludien und Fugen aus Bachs »Wohltemperiertem Klavier« vorspielte, hat bestimmt keiner der beiden an die alten Weimarer Geschichten gedacht, die Goethe möglicherweise nicht einmal kannte. Seine Vorliebe für Bach war ganz unbefangen und allein vom Interesse des Musikhörers bestimmt. Schon bevor er Schütz kennenlernte, hatte er sich um Noten von Bach bemüht, wie aus den Briefen aus dem Jahr 1790 an den ihm seit der Leipziger Zeit bekannten Verleger Johann Gottlob Breitkopf hervorgeht. Offenbar hat ihn diese Musik in ihrer klaren, aber doch kunstvollen Durchsichtigkeit und in ihrer Synthese von Emotionalität und Rationalität unmittelbar berührt. Dabei galt sein Interesse im wesentlichen den Bachschen Kompositionen für Cembalo, den Suiten und Partiten, Chorälen und Choralvorspielen, und immer wieder dem »Wohltemperierten Klavier«. Zu den großen geistlichen Werken, den Passionen und Messen und den zahlreichen Kantaten sowie zur Orchester- und Kammermusik hatte Goethe keinen oder nur einen sehr eingeschränkten Zugang. Auch von der gewaltigen Orgelmusik wird er nur wenige Stücke gehört haben, zumal ihm dieses Instrument nicht sehr behagte. Im Bericht über sei-

nen Italienaufenthalt nennt er die Orgel, die er im Peters-
dom gehört hatte, »ein leidig Instrument, [...] es verbindet
sich so gar nicht mit der Menschenstimme, und ist so gewaltig«.

Eins seiner Lieblingsstücke, das ihm Schütz immer wieder einmal vorspielen mußte, war das Capriccio B-Dur
(BWV 992) »Auf die Abreise seines geliebten Bruders«, das
Goethe sein »Trompeterstückchen« nannte und das er nach
Riemers Bericht so charakterisierte: »Unter denselben war
auch eine, die wir nur mit dem Namen ›das Trompeterstückchen‹ bezeichneten, und deren eigentliche Benennung
ich nicht näher anzugeben weiß. Genug – es war eine wunderbare, die Imagination ansprechende, einfache Melodie,
eine Fanfare, die aber durch Variationen so ins Weite, ja
Endlose getrieben wurde, daß man den Trompeter nicht nur
bald nah, bald fern zu hören, sondern ihn auch ins Feld rei-
tend, bald auf einer Anhöhe haltend, bald nach allen vier
Weltgegenden sich wendend und dann wieder umkehrend
zu sehen glaubte und sich wirklich Sinn und Gemüt nicht
ersättigen konnte.«

Eine besondere Vorliebe entwickelte Goethe für die Fugen des »Wohltemperierten Klaviers«, auch wenn ihm ein
tiefergehendes Verständnis für das Kompositionsprinzip
der Fuge und ihre Gesetzmäßigkeiten fehlte. Ihn faszinierte
die klare polyphone Struktur, der gleichmäßige Fluß der
musikalischen Gedanken und die sich darin ausdrückende
Ordnung. Eine solche Musik belebte seine Imagination und
erfüllte ihn mit inneren Bildern. Johann Heinrich Friedrich
Schütz brachte dem Dichter die Musik Bachs durch sein
Vorspiel nahe. Einen starken Einfluß auf seine Einstellung
zu Bach übte auch sein Berliner Freund Zelter aus. Dieser
schilderte ihm in seinen Briefen immer wieder Konzerte
mit Musik von Bach, gab zu einzelnen Werken Erläuterun-
gen und brachte sie mit der Musik anderer Komponisten in

Verbindung, so daß Goethe sie auch in den musikhistorischen Kontext einordnen konnte. Damit war er in der Rezeption dieser Musik seiner Zeit voraus. Für das musikalische Leben und ein breiteres Publikum wurde das Werk Bachs erst im Laufe der nächsten Jahre wiederentdeckt, woran Zelter keinen geringen Anteil hatte.

Goethe und die großen Komponisten
seiner Zeit

In Goethes Lebenszeit fiel eine überaus fruchtbare Periode der Musikgeschichte. Bis dahin geltende Kompositionsprinzipien der barocken Musik wurden durch neue ergänzt oder abgelöst, in denen sich das Denken und Erleben des Individuums stärker ausdrückten. Als Johann Sebastian Bach starb, war Goethe ein Jahr alt, und beim Tode Georg Friedrich Händels zählte er zehn Jahre. Der siebzehn Jahre ältere Joseph Haydn galt 1774, als Goethe mit seinem ersten großen Erfolg, dem Briefroman »Die Leiden des jungen Werthers«, an die Öffentlichkeit trat, schon als arrivierter Komponist, der neben vielem anderen bereits mehr als die Hälfte seiner Symphonien geschrieben hatte. Leben und Werk von Wolfgang Amadeus Mozart, Ludwig van Beethoven, Franz Schubert und Carl Maria von Weber fielen ganz in die Lebenszeit Goethes. Er hat Felix Mendelssohn Bartholdy, Carl Loewe und Niccolò Paganini kennengelernt und ihre Musik gehört. Der Dichter hätte mit den großen Söhnen Bachs, mit Gluck, Stamitz, Dittersdorf, Rossini, aber auch mit Meyerbeer, Berlioz und Schumann persönlichen oder brieflichen Kontakt haben können. Beispiele ihrer Musik hat er gehört, zu wenig aber, um sich intensiv damit auseinanderzusetzen. Ihre Bekanntschaft, die manches für ihn erhellt hätte, hat er nicht machen können. So mögen sich einige seiner Fehleinschätzungen musikalischer Zeitgenossen erklären, die ihm die Nachwelt als Ignoranz ausgelegt hat. Zudem ist es ganz und gar unzulässig, unsere Möglichkeiten heute, Musik zu hören und am Musikleben teilzunehmen, auf die damaligen Verhältnisse zu übertragen. Wir können uns über die Medien und durch das reiche Angebot an öffentlichen Konzerten jederzeit Zugang zur Musik verschaffen, wir können Interpretationen durch Vergleich einschätzen und die musikhistorische Entwicklung in ihrer ganzen Breite überblicken. Während ein Musikbegeisterter in unserer Zeit etwa Beethovens »Eroica« im Laufe seines Lebens sicher mehr als zehnmal und in verschiedenen Interpretationen hört, konnte für den einzelnen Hörer zu Beginn des 19. Jahrhunderts das Wahrnehmen dieser Musik auf ein einziges Erlebnis beschränkt bleiben. Das trifft im wesentlichen auch auf Goethe zu, selbst wenn er als Privilegierter mehr Möglichkeiten zum Musikhören hatte als ein Durchschnittsbürger.

Der junge Komponist Hector Berlioz übersandte Goethe am 10. April 1829 zusammen mit einem außerordentlich verbindlichen Brief in französischer Sprache zwei Exemplare einer Partitur. Es war die Vertonung von acht Szenen aus »Faust I«, zu der Berlioz durch eine 1827 veröffentlichte Übersetzung des Dramas angeregt worden war. Der französische Romantiker Gérard de Nerval hatte die Verse einfühlsam in eine Art lyrischer Prosa übertragen. Goethe lobte die Übersetzung gegenüber Eckermann als »sehr gelungen. […] in dieser französischen Übersetzung wirkt alles wieder durchaus frisch, neu und geistreich.« (3. Januar 1830) Schon Ende März hatte Berlioz' Freund, der Komponist Ferdinand Hiller, in einem Brief an Eckermann die Notensendung angekündigt und um dessen Fürsprache bei Goethe gebeten. Eckermann antwortete: »Goethe zeigte mir gleich das Heft und suchte die Noten mit den Augen zu lesen. Er hatte den lebhaftesten Wunsch, es vortragen zu hören. Ein sehr schön geschriebener Brief des Herrn Berlioz war beigelegt, den Goethe mir gleichfalls zu lesen gab, und dessen gebildeter, höchst zarter Ton uns gemeinschaftlich Freude machte. Er wird Herrn Berlioz gewiß antworten, wenn er es nicht schon getan hat.« Doch Goethe war noch unsicher in der Einschätzung der Komposition und bat deshalb zunächst Zelter um sein fachmännisches Urteil. Am 28. April 1829 kündigte er ihm die Übersendung der Noten an: »Ein Franzose hat acht Stellen meines Faust komponiert und mir die sehr schön gestochene Partitur zugeschickt; ich möchte Dir sie wohl senden, um ein freundliches Wort darüber zu hören.« Im Juni gingen Zelter die Noten zu, doch dem gefiel die Musik überhaupt nicht. Seine Stellungnahme am 21. Juni gleicht einer Verdammung Berlioz': »Gewisse Leute können ihre Geistesgegenwart und ihren Anteil nur durch lautes Husten, Schnauben, Krächzen und Ausspeien zu verstehn geben; von diesen einer scheint Herr Hector Berlioz zu sein. Der Schwefelgeruch des Mephisto zieht ihn an, nun muß er niesen und prusten daß sich alle Instrumente im Orchester regen und spuken – nur am Faust rührt sich kein Haar.« Daß Zelter so harsch und abfällig urteilte, überrascht aus heutiger Sicht nicht. Ihm behagte, wie auch andere Äußerungen von ihm zeigen, die »neutönerische« Musik der Romantik nicht, die ihm Maß und Ordnung, wie er sie verstand, zu überschreiten schien. Da es Goethe unmöglich war, sich ein von Zelter unabhängiges Urteil über diese Musik zu bilden, machte er sich die Vorbehalte seines Berliner Freundes zu eigen und ließ Berlioz' Brief und seine Sendung unbeantwortet. Diesen jedoch machte das ausbleibende Echo aus Weimar nicht irre. Siebzehn Jahre später, 1846, griff er die »Huit Scènes de Faust« noch einmal auf, und es entstand das große vierteilige szenische Oratorium opus 24 »La Damnation de Faust«, in dem sich Berlioz vor allem im ersten Teil weit von der Textvorlage entfernt.

Ähnlich Ablehnendes widerfuhr Franz Schubert. Im April 1816 erhielt Goethe einen Brief aus Wien zusammen mit einem Heft, das Vertonungen von sechzehn seiner Gedichte für Singstimme und Klavier enthielt. Absender war der Student der Rechte und spätere österreichische Staatsbeamte Joseph Edler von Spaun, ein Freund und Förderer des jungen Wiener Komponisten, von dem die übersandten Kompositionen stammten, darunter Vertonungen der Gedichte »Heidenröslein«, »Rastlose Liebe«, »Wandrers Nachtlied« und »Der Erlkönig«. Diesmal verzichtete Goethe auf eine Rückfrage bei Zelter, dem gegenüber er die Notensendung nicht einmal erwähnte. Das Manuskript ging ohne jeden Kommentar an den Absender zurück. War das Ignoranz oder gar Arroganz? Obwohl Goethes Auffassung einer rechten Liedvertonung, seine Einschätzung von Musik und die eher lückenhaften musikalischen Kenntnisse bei der Beurteilung wohl eine Rolle gespielt haben mögen, muß man in einem solchen Falle auch die konkrete Situation im Hause Goethes berücksichtigen. Bei dem inzwischen weithin berühmten Dichter gingen tagtäglich viele Sendungen von Künstlern ein mit der Bitte um Beurteilung oder um Widmung. Franz Schubert war damals selbst in Wien noch ein unbekannter Komponist; die erste Veröffentlichung eines seiner Werke erfolgte erst 1818. Auch ist es durchaus möglich, daß Goethe die Sendung gar nicht zu Gesicht bekam, weil sein damaliger Diener Stadelmann sie gleich zurückexpediert hatte. Schubert jedenfalls schickte ein zweites Heft mit weiteren zwölf Liedern nach Texten von Goethe, das er im selben Jahr 1816 zusammengestellt hatte, gar nicht erst ab.

Elf Jahre vergingen, bis Schubert einen weiteren Versuch wagte, den von ihm so verehrten Dichter für seine Musik und seine Liedvertonungen einzunehmen. Im Juni 1825 ging in Weimar folgender Brief ein:

Euer Exzellenz!
Wenn es mir gelingen sollte, durch die Widmung dieser Komposition Ihrer Gedichte meine unbegrenzte Verehrung

gegen E. Exzellenz an den Tag legen zu können, und vielleicht einige Beachtung für meine Unbedeuten(d)heit zu gewinnen, so würde ich den günstigen Erfolg dieses Wunsches als das schönste Ereignis meines Lebens preisen.

Mit größter Hochachtung Ihr Ergebenster Diener

Franz Schubert.

Beigefügt waren zwei prachtvoll ausgestattete Exemplare eines Heftes mit Vertonungen dreier Texte: »An Schwager Kronos«, »An Mignon« und »Ganymed«. Goethe notierte den Empfang der Sendung am 16. Juni 1825 im Tagebuch: »Sendung von Schubert aus Wien, von meinen Liedern Compositionen.« Diesmal aber bekam Schubert weder eine Antwort, noch erhielt er die Notenhefte zurück. Welche Gründe Goethe bewogen, die Bitte des Komponisten so schnöde zu übergehen, läßt sich aus den unmittelbaren Quellen nicht feststellen. Doch wissen wir, daß Goethe den Prinzipien der Zweiten Berliner Liederschule zuneigte. Er wollte, daß dem Text sein Recht blieb, daß die Worte des Dichters nicht durch die Musik in übertriebener Weise ausgemalt oder gar zugedeckt wurden. Er liebte das der Volksliedstruktur angenäherte Strophenlied. Die durchkomponierte Art der Schubertschen Lieder, in denen das Akkompagnement des Klaviers nicht nur begleitet, sondern den Text unterstützt, deutet und gar ausmalt, behagte ihm nicht. So verhinderten die Grenzen, innerhalb deren sich seine Musikauffassung bewegte, letztlich eine unbefangene Aufnahme der Schubertschen Vertonungen. Das ist um so bedauerlicher, als gerade sie den Gedichten Goethes in besonderer Weise gerecht werden und einen Höhepunkt des deutschen Liedschaffens darstellen.

Erst 1830, am 24. April, fällt im Tagebuch wieder der Name Schubert: »Madame Devrient und Genast. Letztere accompagnirte, Erstere sang den Erlkönig von Schubert.«

Die Ballade wurde von der Dresdner Opernsängerin Wilhelmine Schröder-Devrient dargeboten. Welchen Eindruck der Vortrag auf Goethe machte, schildert Eduard Genast, der Sohn des Schauspielers, Sängers und engen Mitarbeiters Goethes am Weimarer Theater Anton Genast, in seinen Erinnerungen: »Am andern Tage empfing er die Devrient höchst freundlich und liebreich. Sie sang ihm unter anderm auch die Schubert'sche Composition des ›Erlkönig‹ vor, und obgleich er kein Freund von durchcomponirten Strophenliedern war, so ergriff ihn der hochdramatische Vortrag der unvergleichlichen Wilhelmine so gewaltig, daß er ihr Haupt in beide Hände nahm und sie mit den Worten: ›Haben Sie tausend Dank für diese großartige künstlerische Leistung!‹ auf die Stirn küßte. Dann fuhr er fort: ›Ich habe diese Composition früher einmal gehört, wo sie mir gar nicht zusagen wollte, aber so vorgetragen, gestaltet sich das ganze zu einem sichtbaren Bild.‹« Die Bemerkung, daß er die »Composition« schon einmal gehört habe, deutet darauf hin, daß ihm die Schubert-Lieder doch nicht völlig fremd waren. Vermutlich beruhte seine Ablehnung dieser Kompositionsweise auch auf eigenen Hörerlebnissen. Hier jedenfalls bewunderte Goethe den Vortrag der Sängerin und war auch von der Musik ergriffen. Doch für den Ausdruck einer Anerkennung gegenüber dem Komponisten war es zu spät. Franz Schubert war 1828 gestorben.

Was sich in den Liedern Reichardts schon andeutete, von Goethe aber noch toleriert wurde, trat bei Schubert offen zutage: die Entwicklung der eigenständigen Gattung des romantischen Kunstliedes, das außerhalb von Goethes musikalischem Verständnis lag. Aber gerade Schubert war es, der die lyrische Qualität der Goetheschen Gedichte und ihre musikauslösende Kraft erkannte. Goethe war der Dichter, von dem Schubert die meisten Texte für seine Liedkompositionen benutzte, insgesamt 69 Gedichte und davon viele in mehreren Fassungen. Vom »Erlkönig« gibt es vier, allerdings sehr ähnliche Fassungen, darunter eine mit einer leichteren Klavierbegleitung. Das Gedicht »Geistes-Gruß« (»Hoch auf dem alten Turme«) ist in sechs Fassungen überliefert, und Mignons berühmtes »Nur wer die Sehnsucht kennt« hat Schubert fünfmal vertont. Und was schon vergessen ist: Er hat auch die Musik zu einem Singspiel Goethes geschrieben. Seit 1815 vertonte er »Claudine von Villa Bella« für Solostimmen, Chor und großes Orchester als Spieloper in drei Akten. Schubert übergab die fertige Partitur seinem Freund, dem Komponisten Anselm Hüttenbrenner. Leider blieben nur die Ouvertüre, der gesamte 1. Akt und weniges aus dem 2. Akt erhalten. Alles andere wurde von den Hausgenossen Hüttenbrenners 1848 in den Wirren der Märzrevolution im wahrsten Sinn des Wortes verheizt.

Im Unterschied zu Bach, der nach seinem Tod 1750 schnell in Vergessenheit geriet und erst wieder zu Beginn des 19. Jahrhunderts durch die Bemühungen Zelters in Berlin und wenig später durch die Wiederentdeckung der großen Passionen durch Felix Mendelssohn Bartholdy in das Bewußtsein des musikliebenden Publikums trat, gab es eine kontinuierliche Rezeption der Werke Georg Friedrich Händels. Aus Goethes Tagebuch erfahren wir, daß die Kantate »Das Alexanderfest« in Weimar schon Anfang 1780, also vor seiner Italienreise, aufgeführt wurde. Für den 19. Januar 1780 notierte Goethe: »Bei ❊ [Herzogin Anna Amalia] Conzert. Alexanders Fest.« Im selben Jahr wurde in der thüringischen Residenzstadt auch Händels Oratorium »Der Messias« aufgeführt. Am 13. Mai heißt es im Tagebuch: »Händels Messias ward offt probirt gab mir neue ideen von Deklamation«, und am 25. Mai: »Ward Händels Messias der 3 Theil aufgeführt.« Goethe hat das Oratorium noch einmal am 7. Januar 1781 und Teile daraus im März 1811 und im März und April 1824 gehört. Mit dem Musiker Eberwein hatte er am 11. März 1824 eine Aufführung von Teilen des »Messias« in seinem Haus vereinbart. Im Tagebuch heißt es: »Herr Eberwein, den zweyten Act seiner Oper vortragend. Verabredung wegen Händels Messias.« Am 14. April fand dieser Konzertabend dann statt. Das Tagebuch hält fest: »Abends Gesänge aus dem Messias unter Anleitung Eberweins«, und Eckermann berichtet: »Abends hatte ich bei Goethe einen musikalischen Kunstgenuß bedeutender Art, indem ich den ›Messias‹ von Händel teilweise vortragen hörte, wozu einige treffliche Sänger sich unter Eberweins Leitung vereinigt hatten. Auch Gräfin Caroline von Egloffstein, Fräulein von Froriep, so wie Frau v. Pogwisch und Frau v. Goethe hatten sich den Sängerinnen angeschlossen und wirkten dadurch zur Erfüllung eines lange gehegten Wunsches von Goethe auf das Freundlichste mit. Goethe, in einiger Entfernung sitzend, im Zuhören vertieft, verlebte einen glücklichen Abend, voll Bewunderung des großartigen Werkes.«

Goethe muß diesen Abend besonders genossen haben, hatte er sich doch, wie er am 8. März an Zelter schrieb, auf das Konzert besonders vorbereitet: »Auf wunderbare Weise bin ich wieder an Händel herangezogen worden; Rochlitzens Entwicklung des Messias, in seinem Ersten Bande Für Freunde der Tonkunst. S. 227 hat mich an die Händel-Mozartische Partitur getrieben, wo ich freylich nur die rhythmischen Motive herauslesen kann; nächstens denk ich mich durch Eberweins Vortrag auch den harmonischen zu nähern.« Der Leipziger Musikschriftsteller Johann Friedrich Rochlitz, der auch als Erzähler und Verfasser von Lustspielen hervorgetreten war, hatte Anfang 1824 in seiner Musikzeitschrift »Für Freunde der Tonkunst«, die er Goethe am 21. Februar zusandte, eine Abhandlung zu »Händels Messias« veröffentlicht. Goethe hatte dazu eine Rezension geschrieben, die er in seiner Zeitschrift »Kunst und Altertum« noch im selben Jahr veröffentlichte. In ihr machte er aus seiner emotionalen Affinität zu dem Werk keinen Hehl: »Die Darstellung des Messias von Händel [...] erregte in mir die unwiderstehliche Sehnsucht, von dem Werke, das mich früher an die ernsteste Tonkunst herangeführt, soviel abermals zu vernehmen, daß die alten halb verklungenen Gefühle sich wieder entwickelten und die jugendlichen Genüsse in Geist und Seele sich nochmals erneuerten.« Goethe begegnete der Musik weniger intellektuell-rational. Er ließ sie vielmehr ganz unmittelbar auf sich wirken und setzte sie beim Hören in Bilder und produktive Empfindungen um.

Goethes Mitteilung über seine Vorbereitung auf die »Messias«-Aufführung veranlaßte Zelter, in seinem Antwortbrief vom 23. März 1824 auf das Oratorium einzugehen: »Herder hat irgendwo Händels Messias ein christliches Epos genannt und das ist das Rechte mit Einem Worte, denn in der Tat enthält dies Werk in seiner fragmentarischen Zusammensetzung das ganze Convolut seines Christentums so treu und ehrlich als vernünftig poetisch.« Und dann folgt eine ausführliche Analyse unter theologischem wie musikalischem Aspekt. In ihrem langen Briefwechsel waren Händel, der »Messias« und andere seiner Oratorien schon die Jahre vorher immer wieder ein Thema gewesen. So plante Goethe 1816, angeregt durch Händels »Messias«, eine Kantate anläßlich des Reformationsjubiläums 1817, die von Zelter vertont werden sollte. »Um die freundliche und aufregende Unterhaltung nicht stocken zu lassen«, schreibt er am 14. November 1816 an Zelter, »sag ich ein Wort zu jenem Vorsatz dem Reformations Jubiläum eine Kantate zu widmen, im Sinne des Händelschen Messias, in welchem Du sowohl eingedrungen bist, würde sich es wohl am besten schicken.« Doch auch dieses Vorhaben kam über die Idee nicht hinaus. Schließlich sei daran erinnert, daß der Badeinspektor und Organist Schütz aus Berka dem Dichter häufig Werke von Händel auf dem Klavier vorspielte, ebenso wie die durchreisende Pianistin Maria Szymanowska und der Weimarer Hofkapellmeister Johann Nepomuk Hummel.

Gleichfalls durch das Vorspiel von Schütz lernte Goethe Klaviermusik bzw. für das Klavier aufbereitete Instrumentalmusik von Joseph Haydn kennen. Allerdings hatte er zu diesem Komponisten schon früher einen Zugang gefunden. Der Weimarer Hofkapellmeister Johann Friedrich Kranz hatte bei seiner Rückkehr aus Wien ein Oratorium mitgebracht. Es handelte sich um das von Haydn 1796 für Singstimmen und Orchester umgearbeitete Streichquartett »Die Worte des Erlösers am Kreuz«. Das Oratorium wurde am 14. April 1797 von Kranz mit dem Reiz der Neuheit und als eine Art Erstaufführung in Weimar dargeboten. Goethe vermerkte im Tagebuch für den 12. und 13. April die Probenarbeit. Zudem hatte er sich um die »Decoration« gekümmert. Am Tag der Aufführung notierte er: »Beschäftigung mit dem Oratorio. Abends Aufführung, kam der Prinz von Darmstadt und Graf Frieß an.«

Der 1. Januar 1801, der Beginn des 19. Jahrhunderts, wurde auch von der Weimarer Gesellschaft als besonderer Neujahrstag festlich begangen. Zur Feier der Jahrhundertwende wurde, wahrscheinlich im Hoftheater, Haydns Oratorium »Die Schöpfung« gegeben. Goethe nahm am 30. Dezember 1800 an einer Probe teil und wohnte am Neujahrstag der festlichen Aufführung bei: »Früh verschiedene Gratulationen angenommen. Abends in der Schöpfung.« Mehr als zwei Jahrzehnte später, vermutlich am 31. März oder 1. April 1826, wurde das Oratorium noch einmal in Weimar aufgeführt, und zwar zu Ehren von Haydns Geburtstag. Allerdings nahm Goethe an dieser Veranstaltung wohl nicht teil. Auch die von ihm veranlaßte feierliche Aufführung von

Haydns »Vier Jahreszeiten« anläßlich des Geburtstags der Herzogin Louise am 16. Februar 1811 mußte wegen der ungewöhnlich begeisterten Aufnahme eine Woche später, am 23. Februar, wiederholt werden. Und am 7. April 1811 wurden Ausschnitte aus diesem Oratorium im Rahmen der Konzerte in Goethes Haus durch Solisten des Weimarer Theaters vorgetragen. Das Tagebuch hält fest: »Nachher [Goethe hatte sich mit botanischen Fragen beschäftigt] Musik. Motette von Capellmeister Müller. Stück aus den 4 Jahreszeiten.« Drei Tage später hörte er bei der Mätresse des Herzogs, Caroline von Heygendorf, eine Messe von Joseph Haydn. Obwohl es zu der Zeit zwischen ihr und Goethe erhebliche Spannungen gab, hatte sie den Dichter zum Souper geladen. Kurz darauf, am 12. April, nahm er an einem geistlichen Konzert teil, dessen zweiter Teil wiederum Musik von Haydn brachte.

Beispiele aus Haydns Klaviermusik vermittelten ihm neben Schütz auch Johann Nepomuk Hummel und Felix Mendelssohn Bartholdy. Hummel war seit 1819 in Weimar als Hofkapellmeister tätig. Der 1778 in Preßburg geborene Klaviervirtuose und Komponist war in Wien aufgewachsen – wohin seine Familie 1785 übersiedelte – und Schüler von Mozart, Salieri und Haydn gewesen. Nach Engagements auf Schloß Esterházy und in Stuttgart sowie einer kurzen Tätigkeit als selbständiger Musiklehrer in Wien konnte er für den Hof in Weimar gewonnen werden – ein Glücksfall, wie sich in den folgenden Jahren herausstellte, war er doch die entscheidende Kraft für die Weiterentwicklung des Weimarer Musiktheaters. In seinen Konzerten, die er gelegentlich im Haus am Frauenplan gab, spielte Hummel neben Werken zeitgenössischer Komponisten, vor allem von Mozart und Haydn, auch eigene Kompositionen. In den Annalen des Jahres 1821 berichtet Goethe von einem Konzert, das wohl im November stattgefunden hatte und bei dem

Stahlstich von Carl Mayer Nürnberg

J. N. HUMMEL.

JOHANN NEPOMUK HUMMEL (1778–1837)

Stahlstich von C. Mayer
Stiftung Weimarer Klassik

Klaviervirtuose und Komponist; der Schüler von Haydn, Salieri und
Mozart war von 1819 bis zu seinem Tod Hofkapellmeister in Weimar
und musizierte oft in Goethes Haus am Frauenplan.

neben Hummel der junge Felix Mendelssohn, der vom 3. bis 19. November 1821 mit seinem Lehrer Zelter zu einem zweiten Besuch in Weimar weilte, auf dem neuen Flügel spielte: »Und so kam denn auch ein großes bedeutendes Konzert zu Stande, wobei unser nicht genug zu preisende Kapellmeister Hummel sich gleichfalls hören ließ, der sodann auch von Zeit zu Zeit durch die merkwürdigsten Ausübungen den Besitz des vorzüglichen Instrumentes ins Unschätzbare zu erheben verstand.«

Hummel galt als glänzender Improvisator am Flügel. Obwohl Goethe die durch ihn eingeleitete Entwicklung am Weimarer Hoftheater – Verringerung des Anteils der Sprechbühne und Verstärkung der Oper – kritisch sah, zollte er seiner pianistischen Virtuosität und seiner Arbeit als Kapellmeister hohe Anerkennung. Darin bestärkt wurde er durch Zelter, der den Pianisten mehrmals in Berlin gehört hatte. »Für mich ist er«, schrieb Zelter am 22. Mai 1826, »ein Summarium jetziger Klavierkunst indem er Echtes und Neues mit Sinn und Geschick verbindet. Man merkt keine Finger und Saiten, man hört Musik; alles kommt eben so sicher und leicht heraus als es schwer ist.« Goethe lud den Hofkapellmeister häufig zu Gast in sein Haus, wo er nach Tisch auf dem Flügel phantasierte. Der fleißige und als Komponist oft unterschätzte Hummel vertonte einige Gedichte Goethes und schrieb zum goldenen Dienstjubiläum des Geheimrats und Staatsministers am 7. November 1825 – »Feierlichster Tag«, so das Tagebuch – eine kleine festliche Abendmusik. Wie sehr ihn Goethe schätzte, drückt sich auch darin aus, daß er ihn im Juni 1826 bat, sich für seine Porträtsammlung von Johann Joseph Schmeller zeichnen zu lassen. Hummel starb am 17. Oktober 1837 in Weimar.

Vor seinen persönlichen Begegnungen kannte Goethe Ludwig van Beethoven gewissermaßen nur vom Hörensagen. Außer einigen Klavierstücken hatte er bis 1812 von ihm kaum etwas gehört. Für den 13. Oktober 1807 vermerkt das Tagebuch, die Sängerin Henriette Häßler habe ihm u. a. »eine Scene von Beethoven gesungen«. Wahrscheinlich handelte es sich um das 1797 komponierte opus 65, Szene und Arie »Ah Perfido!« für Sopran und Orchester. Zelter erwähnte Beethoven 1808 in einem Brief, allerdings mit einem kritischen Unterton, im Zusammenhang mit Anmerkungen zur neuen Musik. Zelters Einschätzung hätte leicht wie bei Berlioz und Schubert zu einer ablehnenden Haltung Goethes gegenüber Beethoven führen können. Doch gab es in diesem Fall auch andere Stimmen. Im August 1810 berichtete ihm Bettina Brentano mit dem ihr eigenen Enthusiasmus über den Komponisten und seine Musik. Sie hatte Beethoven im Mai 1810 in Wien besucht, und er hatte ihr u. a. seine Vertonungen des Mignon-Liedes »Kennst du das Land« und des Gedichts »Wonne der Wehmut« vorgespielt und von seinem Vorhaben, eine Musik zu Goethes »Egmont« zu schreiben, erzählt. Ihre Eindrücke waren durchaus geeignet, den Dichter für diesen Komponisten zu gewinnen, der, anders als Berlioz und Schubert, zu Beginn des 19. Jahrhunderts bereits weithin berühmt war.

Anfang Mai 1811 erhielt Goethe Besuch von Baron Franz von Oliva, einem Freund Beethovens und selbst Klavierspieler, der ihm einen sehr freundlichen Brief des Komponisten überbrachte mit der Ankündigung der Schauspielmusik zu »Egmont«: »Sie werden nächstens die Musik zu Egmont von Leipzig durch Breitkopf und Härtel erhalten, diesen herrlichen Egmont, den ich, indem ich ihn ebenso warm als ich ihn gelesen, wieder durch Sie gedacht, gefühlt und in Musik gegeben habe – ich wünsche sehr Ihr Urteil darüber zu wissen, auch der Tadel wird für mich und meine Kunst ersprießlich sein, und so gern wie das größte Lob aufgenommen werden.« Bei dieser Gelegenheit spielte ihm

Oliva einige Auszüge auf dem Klavier vor. Von dem Gehörten war Goethe, der sich Bettinas schwärmerischen Berichts erinnern mochte, unmittelbar angetan. Im Juni antwortete er Beethoven mit einem sehr freundlichen Brief aus Karlsbad, in dem er ihm seine Wertschätzung ausdrückte und ihn nach Weimar einlud: »Ihr freundliches Schreiben, mein wertgeschätzester Herr, habe ich durch Herrn von Oliva zu meinem großen Vergnügen erhalten. Für die darin ausgedrückten Gesinnungen bin ich von Herzen dankbar und kann versichern, daß ich sie aufrichtig erwidere: denn ich habe niemals etwas von ihren Arbeiten durch geschickte Künstler und Liebhaber vortragen hören, ohne daß ich gewünscht hätte Sie selbst einmal am Klavier zu bewundern und mich an Ihrem außerordentlichen Talent zu ergetzen. Die gute Bettine Brentano verdient wohl die Teilnahme, welche Sie ihr bewiesen haben. Sie spricht mit Entzücken und der lebhaftesten Neigung von Ihnen, und rechnet die Stunden die sie mit Ihnen zugebracht, unter die glücklichsten ihres Lebens. Die mir zugedachte Musik zu Egmont werde ich wohl finden, wenn ich nach Hause komme, und bin schon im voraus dankbar: denn ich habe derselben bereits von mehrern rühmlich erwähnen hören. [...] Am meisten aber wünsche ich Herrn von Oliva recht verstanden zu haben, der uns Hoffnung machte, daß Sie auf einer vorhabenden Reise Weimar wohl besuchen könnten.« Das gesamte Notenmaterial der Schauspielmusik zu »Egmont« traf zu Beginn des Jahres 1812 ein, und die erste Aufführung des Stücks mit der Musik Beethovens im Weimarer Theater erfolgte im Januar 1814.

Im Sommer 1812 hielt sich Goethe fast fünf Monate in Böhmen auf, zunächst in Karlsbad, dann ab 14. Juli in Teplitz und ab Mitte August wieder in Karlsbad. Die erste persönliche Begegnung zwischen ihm und Beethoven während dieses langen Kuraufenthalts fand in Teplitz statt, wo

Goethe den Musiker am 19. Juli, einem Sonntag, besuchte. Das Tagebuch erwähnt für diesen Tag »Visiten« und nennt u. a. Beethoven. Noch am selben Abend schilderte Goethe seinen Eindruck in einem Brief an seine Frau Christiane: »Zusammengefaßter, energischer, inniger habe ich noch keinen Künstler gesehen. Ich begreife recht gut wie er gegen die Welt wunderlich stehn muß.« Einen Tag später, am 20. Juli 1812, fuhr er am Abend gemeinsam mit Beethoven in den Nachbarort Bilin. Und am darauffolgenden Tag hielt er sich erneut bei ihm auf: »Abends bei Beethoven. Er spielte köstlich.« Noch zweimal kam es zu persönlichen Begegnungen. »Bey Beethoven«, vermerkt das Tagebuch am 23. Juli und am 8. September – Goethe war nach Karlsbad zurückgekehrt, wohin auch Beethoven kam – : »Beethovens Ankunft«; beide trafen noch am selben Tag zusammen.

Seine Eindrücke von der Person des Musikers schilderte Goethe nicht nur seiner Frau. Im September übermittelte er Zelter folgende aufschlußreiche Charakteristik: »Beethoven habe ich in Töpliz kennen gelernt. Sein Talent hat mich in Erstaunen gesetzt; allein er ist leider eine ganz ungebändigte Persönlichkeit, die zwar gar nicht Unrecht hat, wenn sie die Welt detestabel [verabscheuungswürdig] findet, aber sie freilich dadurch weder für sich noch für andere genußreicher macht. Sehr zu entschuldigen ist er hingegen und sehr zu bedauern, da ihn sein Gehör verläßt, das vielleicht dem musikalischen Teil seines Wesens weniger als dem geselligen schadet. Er, der ohnehin lakonischer Natur ist, wird es nun doppelt durch diesen Mangel.«

Mit Beethovens Musik zu »Egmont« sah sich Goethe als Dichter ernst genommen. Auf diesem Felde des Übergangs und der Verbindung zwischen Wort und Klang hatte er bisher weniger erfreuliche Erfahrungen gemacht. »Doch hab ich auch da manches Schätzenswerte gefunden«, schrieb er am 12. Juli 1821 an Marianne von Willemer, »indem man sich vielmal abgespiegelt sieht, zusammengezogen, erweitert, selten ganz rein. Beethoven hat darin Wunder getan, und es war ein glücklicher Einfall, die Musik zu Egmont durch kurze Zwischenreden dergestalt zu exponieren, daß sie als Oratorium aufgeführt werden kann [...]« Mit dem »glücklichen Einfall« bezog sich Goethe auf die Arbeit des Geistlichen und Musikliebhabers Friedrich Mosengeil aus Meiningen, der die »Egmont«-Musik für eine konzertante Aufführung eingerichtet hatte. Zu diesem Zweck hatte er den Inhalt des Dramas in gereimte Verse gebracht und diese zwischen die Musikstücke eingefügt. Goethe war diese Arbeit am 11. Dezember 1819 zugesandt worden und hatte, wie er Ende des Monats an seinen Freund Carl Ludwig von Knebel schrieb, durchaus seinen Beifall gefunden: »Der Gedanke ist ganz gut, eine Musik wie die Beethovische, die bey allem ihrem großen Werth doch nur ein sehr langes Stück noch mehr verlängert, einem ruhig aufmerksamen Auditorium genießbar zu machen.«

Im Herbst 1816 besuchte Goethe in Weimar zwei Aufführungen von »Fidelio«, und immer wieder ließ er sich Beethoven auf dem Klavier vorspielen, durch Schütz, durch Hummel und später durch den 21jährigen Felix Mendelssohn Bartholdy.

Die Begegnung beider in Böhmen war von gegenseitigem Respekt bestimmt, eine tiefergehende, vielleicht sogar freundschaftliche Verbindung kam jedoch nicht zustande. Beethoven bewunderte Goethe als Dichter, als Menschen sah er ihn aber durchaus kritisch. »Goethe behagt die Hofluft zu sehr, mehr als es einem Dichter ziemt«, schrieb er am 9. August 1812 an seinen Leipziger Verleger Gottfried Härtel. Auch in den folgenden Jahren gab es zwischen beiden keine persönlichen oder brieflichen Kontakte mehr. Elf Jahre dauerte es, bis Goethe wieder ein Lebenszeichen von Beethoven erhielt. Am 8. Februar 1823 schrieb dieser nach

Weimar: »Euer Exzellenz! Immer noch wie von meinen Jünglingsjahren an lebend in Ihren unsterblichen nie veralternden Werken, und die glücklichen in Ihrer Nähe verlebten Stunden nie vergessend, tritt doch der Fall ein, daß auch ich mich einmal in Ihr Gedächtnis zurückrufen muß – ich hoffe Sie werden die Zueignung an E. E. von Meeresstille und Glückliche Fahrt, in Töne gebracht von mir, erhalten haben.« Etwas umständlich, sehr höflich, ja manchmal fast devot, schildert Beethoven seine etwas angespannte finanzielle Lage – er muß seinen Neffen unterhalten und ausbilden lassen – und bittet schließlich den Dichter, sich bei seinem Herzog für eine Subskription der soeben fertiggestellten Missa solemnis zu verwenden. Ob sich Goethe bei Hofe entsprechend einsetzte, ist nicht bekannt, die gewünschte Subskription kam jedenfalls nicht zustande. Wir wissen auch nicht, wie er die ihm zugeeignete Vertonung seiner Gedichte einschätzte: Beethovens Brief blieb ohne Antwort.

Goethes Verhältnis zu Beethoven war nicht ohne Widersprüche. Diese Musik, die, wie er spürte, alles überstieg, was er von den Komponisten im Umkreis Weimars gewöhnt war, ließ sich in ihrer Dynamik und Expressivität nur schwer mit seinem Musikverständnis vereinbaren, das eher von Maß, Ausgewogenheit und klarer Linienführung bestimmt war. Zudem ging Beethoven mit seinen Gedichten nicht immer so um, wie es ihm notwendig erschien. In einem Gespräch mit einem anderen Komponisten, dem Prager Musiker Wenzel Johann Tomaschek, der über vierzig Lieder und Balladen von Goethe in der Art der Berliner Liederschule vertont hatte, werden noch einmal seine Vorbehalte deutlich: »Ich kann nicht begreifen, wie Beethoven und Spohr das Lied« – es geht um Mignons Lied »Nur wer die Sehnsucht kennt« – »gänzlich mißverstehen konnten, als sie es durchcomponirten; die in jeder Strophe auf derselben Stelle vorkommenden gleichen Unterscheidungszeichen wären, sollte ich glauben, für den Tondichter hinreichend, ihm anzuzeigen, daß ich von ihm bloß ein Lied erwarte. Mignon kann wohl ihrem Wesen nach ein Lied, aber keine Arie singen.« Bei allem Verständnis für Beethovens Künstlertum und seine menschliche Haltung fehlten Goethe das musikalische Wissen, reichere Hörerfahrungen und entsprechende instrumentale Fähigkeiten, um in das musikalische Wollen dieses Komponisten tiefer einzudringen.

Im Park von Schloß Tiefurt unweit Weimars wurde 1799, acht Jahre nach dem Tod Wolfgang Amadeus Mozarts, das erste Denkmal für ihn auf deutschem Boden errichtet. Der Entwurf stammte von dem Schweizer Maler und Kunsthistoriker Johann Heinrich Meyer, den Goethe während seines Italienaufenthalts in Rom kennengelernt und 1791 nach Weimar geholt hatte. Meyer beriet den Dichter bei der Anschaffung von Bildern und Plastiken für sich selbst und für den Weimarer Hof und war maßgeblich am Umbau und der Innengestaltung des Hauses am Frauenplan beteiligt. Die Ausführung des Mozart-Denkmals lag in den Händen des Weimarer Hofbildhauers Gottlieb Martin Klauer, eines vielseitigen Künstlers, dessen Arbeiten von klassizistischen Porträtbüsten aus der Weimarer Hofgesellschaft bis zu Plastiken und Skulpturen für Gärten und Parks reichte. Die Errichtung des Tiefurter Denkmals war Ausdruck der großen Wertschätzung und Verehrung, die Mozart in der thüringischen Residenz genoß. Wieweit Goethe den Entwurf und die Errichtung des Denkmals beeinflußt hat, ist nicht bekannt. Doch daß er Mozart ebenfalls bewunderte, geht aus zahlreichen seiner Äußerungen und vor allem aus der Bevorzugung der Mozart-Opern am Weimarer Hoftheater besonders während seiner Intendanz hervor. Musik von Mozart erlebte Goethe 1785 zum erstenmal

bewußt bei einem Besuch der Spieloper »Die Entführung
aus dem Serail« in Weimar, wo sie durch die Theatergruppe
Bellomo mehrmals aufgeführt wurde. Diese erste Begegnung bereitete ihm einige Schwierigkeiten. Der Musik
gegenüber verhielt er sich zunächst indifferent, das Libretto
hielt er für schlecht. Erst während des dritten Besuchs gewann er einen klareren Eindruck, wie aus der Mitteilung an
seinen musikalischen Freund Kayser am 22. Dezember 1785
hervorgeht: »Neulich ward die Entführung aus dem Serail,
componirt von Mozart gegeben. Jedermann erklärte sich
für die Musick. Das erstemal spielten sie mittelmäsig, der
Text selbst ist sehr schlecht und auch die Musick wollte mir
nicht ein. Das zweytemal wurde es schlecht gespielt und ich
ging gar heraus. Doch das Stück erhielt sich und iedermann
lobte die Musick. Als sie es zum fünftenmal gaben, ging ich
wieder hinein. Sie agirten und sangen besser als iemals, ich
abstrahirte vom Text und begreife nun die Differenz meines Urtheils und des Eindrucks aufs Publikum und weis
woran ich bin.« Aus der Rückschau konstatierte er in der
»Italienischen Reise«, daß gerade dieses Singspiel seinen
eigenen Bemühungen um das unterhaltsame Musiktheater
wie den Anstrengungen der Komponisten in seiner Umge-
bung ein Ende setzte. »In einem […] höheren Sinne hatte
Mozart durch die Entführung aus dem Serail Epoche gemacht.« (9. Dezember 1808) Mozarts Opern waren es dann
auch, denen seine besondere Vorliebe galt.

Ansonsten beschränkte sich Goethes Mozart-Kenntnis
auf die Klaviermusik und einige geistliche Werke. Im Tagebuch heißt es am 24. November 1801: »Abends in das Re-
quiem von Mozart.« Am 21. Oktober 1810 hörte er Mozarts
Offertorium »Misericordias Domini cantabo in aeternum«
(KV 222), dessen Aufführung im März des nächsten Jahres
wiederholt wurde. Einen Monat später nahm er an einem
Konzert mit geistlicher Musik teil und notierte: »Abends

Concert Spirituel, 1. Theil von Mozart, 2. Theil von Haydn.« Klaviermusik von Mozart, vor allem die Sonaten, vielleicht auch Klavierfassungen anderer Werke, spielte ihm immer wieder der Organist Schütz aus Berka vor. Und Felix Mendelssohn hat ihm bei einem seiner Besuche in Weimar, so am 25. Mai 1830, auch »Symphonien von Haydn und Mozart vorgespielt«. Immer, wenn Besucher, durchreisende Musiker oder Weimarer Pianisten im Haus am Frauenplan musizierten oder Konzertabende veranstaltet wurden, stand Mozart mit auf dem Programm. Nicht zuletzt wird der seit 1819 in Weimar tätige Johann Nepomuk Hummel dafür gesorgt haben, daß sein Lehrer nicht vergessen wurde. Von den Klavier- und Violinkonzerten, den Symphonien und der Fülle der Kammermusik mit ihren Serenaden, Divertimentos und Streichquartetten hat Goethe vermutlich kaum etwas gekannt. Auffällig ist, daß Mozart, wie schon erwähnt, nur einen Goethe-Text vertont hat, nämlich das Lied »Ein Veilchen auf der Wiese stand« (KV 476).

Obwohl Goethe den reichen Kosmos der Musik Mozarts gar nicht kannte, empfand er ihm gegenüber eine Art Geistesverwandtschaft. In seinen brieflichen Äußerungen und in Gesprächen stellte er ihn wiederholt in eine Reihe mit Raffael, Michelangelo und Shakespeare. Er bewunderte an ihm die aus dem Innern kommende, organisch sich entwickelnde Schaffenskraft, die des kalkulierten Konstrukts nicht bedarf, die als Natur vorhanden ist und sich elementar in Musik äußert. Zu Eckermann meinte Goethe am 14. Februar 1831: »Aber freilich, eine Erscheinung wie Mozart, bleibt immer ein Wunder, das nicht weiter zu erklären ist. Doch wie wollte die Gottheit überall Wunder zu tun Gelegenheit finden, wenn sie es nicht zuweilen in außerordentlichen Individuen versuchte, die wir anstaunen und nicht begreifen woher sie kommen.« Begriffe wie »komponieren« und »Komposition« erschienen ihm in bezug auf dieses

Schöpfertum ganz unangemessen. Am 20. Juni 1831 äußerte er gegenüber Eckermann: »Wie kann man sagen, Mozart habe seinen Don Juan komponiert! Komposition! – Als ob es ein Stück Kuchen oder Biskuit wäre, das man aus Eiern, Mehl und Zucker zusammenrührt! – Eine geistige Schöpfung ist es, das Einzelne wie das Ganze aus einem Geiste und Guß und von dem Hauche eines Lebens durchdrungen, wobei der Produzierende keineswegs versuchte und stückelte und nach Willkür verfuhr, sondern wobei der dämonische Geist seines Genies ihn in der Gewalt hatte, so daß er ausführen mußte, was jener gebot.« Schon früher hatte Goethe Überlegungen zum Thema Genie und Produktivität mit dem Namen Mozart verbunden: »Denn was ist Genie anders, als jene produktive Kraft, wodurch Taten entstehen, die vor Gott und der Natur sich zeigen können, und die eben deswegen Folge haben und von Dauer sind. Alle Werke Mozarts sind dieser Art; es liegt in ihnen eine zeugende Kraft, die von Geschlecht zu Geschlecht fortwirket und sobald nicht erschöpft und verzehrt sein dürfte.« (11. März 1828) Insofern konnte sich Goethe eine Vertonung seines »Faust« durch Mozart gut vorstellen.

Carl Friedrich Zelter
und Felix Mendelssohn Bartholdy

Nach Kayser und Reichardt rückte am Ende der neunziger
Jahre ein anderer Musiker in Goethes Blickfeld. Am 1. Mai
1796 hatte Carl Friedrich Zelter zwei Notenhefte »Zwölf
Lieder am Klavier zu singen« an die Verlegerin Friederike
Unger geschickt mit der Bitte, ein Heft an Goethe weiter-
zuleiten. Unter den Vertonungen waren fünf von Gedichten aus »Wilhelm Meisters Lehrjahren«. Friederike Unger
war die Frau des Berliner Verlegers und Buchdruckers Johann Friedrich Unger, bei dem zwischen 1792 und 1800
»Goethe's neue Schriften« in sieben Bänden erschienen.
Schon am 3. Mai schickte Frau Unger das Notenheft zusammen mit Zelters Brief und einem freundlichen Begleit-
schreiben nach Weimar. Am 13. Juni bedankte sich Goethe
bei der Verlegerin für die Sendung und äußerte den Wunsch,
mit dem Komponisten in näheren Kontakt zu treten: »Sie
haben mir, werteste Frau, durch ihren Brief und die über-
schickten Lieder sehr viel Freude gemacht. [...] Musik kann
ich nicht beurtheilen, denn es fehlt mir an Kenntniß der
Mittel deren sie sich zu ihren Zwecken bedient; ich kann
nur von der Wirkung sprechen, die sie auf mich macht,
wenn ich mich ihr rein und wiederholt überlasse; und so
kann ich von Herrn Zelters Compositionen meiner Lieder
sagen: daß ich der Musik kaum solche herzliche Töne zuge-
traut hätte. Danken Sie ihm vielmals und sagen Sie ihm daß
ich sehr wünschte ihn persönlich zu kennen, um mich mit
ihm über manches zu unterhalten.«
Zum erstenmal hatte Goethe im April 1795, während

eines kleinen Abendkonzerts im Hause des Juristen Gottlieb Hufeland, Lieder von Zelter gehört, darunter die Vertonung des Gedichts »Ich denke dein« der damals bekannten und beliebten Lyrikerin Friederike Bruns. Goethe gefielen Zelters melodische Erfindung und die formale Gestaltung dieses Liedes, die mit einfachen Mitteln auf die unterschiedlichen Verslängen einging, während er die Verse selbst als trivial und sentimental empfand. Wenige Tage später schrieb er das Gedicht »Nähe des Geliebten«, dessen formale Gestalt sich an Zelters Vertonung der Brunsschen Verse ausrichtete, in seiner sprachlichen Fügung und gedanklichen Tiefe aber weit über das der Friederike Bruns hinausging.

Der gewünschte Kontakt zu Zelter kam zunächst nicht zustande. Dafür nahm Friedrich Schiller, wohl mit Wissen und Zustimmung Goethes, Verbindung mit dem Berliner Komponisten auf. Beide Autoren waren wegen der Vertonung von Gedichten für Schillers »Musenalmanach« in Schwierigkeiten. Für die Veröffentlichungen im ersten Jahrgang des Almanachs (1796) hatte ausschließlich der Berliner Hofkapellmeister Reichardt die Musik geliefert. Mit ihm aber hatten sie sich überworfen und eine öffentliche bissige Polemik gegen den Musiker und Schriftsteller in Szene gesetzt. Insofern schied er jetzt als Mitarbeiter aus. Durch die Bemühungen Schillers konnte Zelter für den »Musenalmanach auf das Jahr 1797« und das Folgejahr gewonnen werden. Im Rahmen dieses Projekts gab es zunächst also eine ziemlich rege Korrespondenz zwischen Schiller und Zelter. Dessen Art der Liedkomposition unterschied sich im Grundsätzlichen nur wenig von der seines Freundes Reichardt, auch er gehörte zur Berliner Liederschule, und so blieb eine gewisse musikalische Kontinuität gewahrt. Zudem galt Zelter als verträglicher Mensch und zuverlässiger Arbeitspartner.

Erst drei Jahre später, am 5. August 1799, kam Goethe in einem Brief an seinen Verleger Unger, in dem es vorrangig um Fragen der Werkausgabe ging, auf die Vertonungen seiner Gedichte durch Zelter zurück, wobei er nicht vergaß, Ungers handwerkliche Kunst zu loben: »Empfehlen Sie mich Gönnern und Freunden, besonders Herrn Zelter aufs beste. Es würde gewiß der kleinen Liedersammlung, die ohnehin diesmal ein wenig mager ausfällt zum großen Vortheil gereichen, wenn dieser fürtreffliche Künstler einige neue Melodien dazu stiften wollte, und es wäre vielleicht räthlich die schon bekannten zugleich mit abdrucken zu lassen, um so mehr da Ihr neuer Notendruck als eine wahre typographische Zierde angesehen werden kann.« Unger übermittelte diesen Teil des Briefes, was den bisher zurückhaltenden Zelter sogleich zu einer Antwort anspornte. Schon am 11. August 1799 ging sein erster Brief an den von ihm so verehrten Dichter ab: »Mein braver Freund, Herr Unger hat mir mit einer Stelle Ihres Briefes an ihn, eine unaussprechliche Freude gemacht. Der Beifall welchen meine Versuche sich bei Ihnen erwerben können ist mir ein Glück, das ich wohl gewünscht aber nicht mit Zuversicht gehofft habe und obwohl ich über manche gelungene Arbeit bei mir selbst außer Zweifel gewesen bin; so gereicht mir die freie Zustimmung eines Mannes dessen Werke meine Hausgötter sind zu einer Beruhigung die ich niemals so rein und heiß gefühlt habe als jetzt. Ich sehe es für eine schöne Belohnung an wenn Sie mir ferner Ihre Gedichte zur Komposition anvertrauen wollen, die ich nicht anders zu loben verstehe, als durch den unvermischten Widerklang meines innersten Gemüts; und ich darf sagen, daß ich an diesen Ihren Gedichten mit heiliger Sorge gearbeitet habe was mein Talent reichen mögen.« Aus solch verhaltenen Anfängen entwickelte sich bald ein reger, zunächst vorsichtiger, später aber überaus freundschaftlicher und offener Briefwechsel, der über dreißig Jahre bis zu Goethes Tode währte. Zelter wurde der Freund und Vertraute seiner späten Lebensjahre und sein kompetenter Gesprächspartner in allen Fragen der Musik.

Carl Friedrich Zelter wurde am 11. Dezember 1758 in Berlin geboren. Sein Vater war Maurermeister, führte in Berlin ein Baugeschäft und besaß in Petzow am Schwielowsee eine kleine Ziegelei. Er ließ den Sohn, der einmal sein Geschäft übernehmen sollte, ebenfalls das Maurerhandwerk erlernen. 1783 wurde Carl Friedrich Zelter nach einer soliden handwerklichen Ausbildung und den entsprechenden Prüfungen vor der Zunft zum Maurermeister ernannt. Schon sehr früh zeigte sich auch seine musikalische Begabung, deren systematische Förderung vorerst hinter der handwerklichen Ausbildung zurückstehen mußte. So nahmen sich seine Anfänge auf der Violine und der erste Klavierunterricht bei dem Organisten Johannes Ernst Roßkämmer zunächst recht bescheiden aus. Die Fortschritte, die er in den folgenden Jahren machte, waren vor allem das Resultat jugendlichen Ehrgeizes und seines autodidaktischen Bemühens. Erst 1783, also nach Abschluß seiner handwerklichen Ausbildung, nahm er bei dem Leiter der Berliner Oper und Gründer der Singakademie Carl Friedrich Fasch systematischen Unterricht in den Fächern Gesang, Violine und Klavier sowie Harmonielehre und Generalbaß. Schon bald wurde er als Violinist im Theaterorchester von Georg Anton Benda eingesetzt. 1786 komponierte er eine Trauerkantate auf den Tod Friedrichs des Großen. Im selben Jahr veröffentlichte er erste kleine Klavierstücke und Lieder, die in den Jahren davor entstanden waren. Als Fasch 1791 nach der Unterbrechung durch den Siebenjährigen Krieg seine bereits 1756 gegründete Singakademie, deren Ziel die Aufführung geistlicher Werke war, wiederaufleben ließ, trat der junge Zelter als Tenor diesem Singverein bei. Nach dem Tode Faschs übernahm er 1800 die Leitung der Singakademie, die schnell einen großen Aufschwung nahm, 1802 schon mehr als 200 aktive Mitglieder hatte und sich weiterhin vornehmlich der Pflege der großen kirchenmusikalischen Werke, vor allem der Johann Sebastian Bachs, widmete. Wegen seiner Verdienste um den Ausbau der Singakademie und das Berliner Musikleben überhaupt wurde Zelter 1806 zum Ehrenmitglied und Assessor der Königlichen Akademie der Künste ernannt. Ausdruck seiner zunehmenden Beliebtheit war der Umstand, daß er 1806 während der französischen Besetzung Berlins von den Bürgern zum Mitglied des siebenköpfigen »Comité administratif« gewählt wurde, einem der »Könige von Berlin«, wie der Volksmund die Mitglieder des Komitees nannte, das die Stadt im Auftrag der Besatzungsmacht verwaltete.

Der rührige und organisatorisch tüchtige Musiker gründete 1807 eine Orchesterschule, in der junge Musiker das Ensemble-Spiel lernen sollten. Diese Musiker standen ihm dann auch für die instrumentale Begleitung bei der Aufführung großer geistlicher Werke zur Verfügung. 1809 rief Zelter die berühmte Berliner »Liedertafel« ins Leben, eine kleine geschlossene Gesellschaft von 25 musikliebenden und musikausübenden Berliner Bürgern, die es in ihrem musikalischen Wirken auf ein beachtliches Niveau brachten. Diese »Liedertafel« wurde zum Ausgangspunkt und zum Vorbild der Männerchorbewegung, die sich im 19. Jahrhundert und in der ersten Hälfte des 20. Jahrhunderts über ganz Deutschland verbreitete. Überall in den Dörfern und Städten versammelten sich die Honoratioren einer Gemeinde zu vaterländischem Gesang, und Reste davon sind auch heute noch zu beobachten. Die ursprünglichen Ziele des Gründers und sein hoher musikalischer Anspruch gingen allerdings im Laufe der Entwicklung vielerorts weitgehend verloren.

1809 wurde Zelter zum Professor der Musik ernannt. Im Rahmen der Neuordnung des Bildungswesens nach den napoleonischen Kriegen gründete er 1822 das Königliche Institut für Kirchenmusik, das wenig später in die Staatliche Akademie für Kirchen und Schulmusik mit Sitz in Breslau, Königsberg und Berlin umgewandelt wurde. Hier wurden Lehrer und Kantoren für das Bildungswesen in den preußischen Provinzen ausgebildet mit dem Ziel, die breite musikalische Bildung des Volkes zu fördern. Die Verdienste dieser Einrichtung um die Musik an den preußischen Schulen des 19. Jahrhunderts und um die musikalische Entwicklung in den Dörfern und Kleinstädten sind nicht genug zu rühmen.

In seinen letzten Lebensjahren bewies Zelter durch die Gründung eines »Seminariums« für Musik an der Universität Berlin auch im akademischen Bereich seine überragenden organisatorischen Fähigkeiten. Neben den zahlreichen Tätigkeiten leitete er einen Studentenchor und dirigierte wöchentlich ein Orchesterkonzert. Zudem war er ein geschätzter Privatlehrer, dem viele Berliner Bürger ihre Kinder zur musikalischen Ausbildung anvertrauten. Von seinem berühmtesten Schüler Felix Mendelssohn wird noch die Rede sein. Carl Friedrich Zelter starb am 15. Mai 1832 in Berlin, kaum zwei Monate nach dem Tod seines Freundes in Weimar.

Die mit Zelters Brief vom 11. August 1799, auf den Goethe am 26. August antwortete, eröffnete Korrespondenz umfaßte am Ende mehr als 850 Briefe, von denen fast zwei Drittel und dazu die umfangreichsten von dem Berliner Musiker stammen. Über dreißig Jahre führten die beiden in eigentümlicher Weise verwandten Geister eine intensive Unterhaltung von geradezu universeller Breite. Die Themen reichen von einfachen Alltäglichkeiten bis zu tiefgründigen Erörterungen von Fragen des Lebens und des Menschseins. In den ersten Jahren waren es vor allem musikalische Fragen und musiktheoretische Überlegungen, die im Mit-

CARL FRIEDRICH ZELTER (1758–1832)

Gemälde von Eduard Wolff, 1828
Bildarchiv Preußischer Kulturbesitz

Musiker, Komponist und Musikorganisator in Berlin, Gründer der
Berliner Liedertafel; Goethe nahm 1799 zu Zelter Verbindung auf,
und es entwickelte sich zwischen beiden eine intensive Freundschaft,
die bis an sein Lebensende reichte und sich in mehreren
Begegnungen und einem umfangreichen Briefwechsel äußerte.

telpunkt der Korrespondenz standen. So war die Diskussion über Entstehung und Entwicklung von Dur und Moll über lange Zeit ein ausführlich behandeltes Thema, ebenso wie Goethes Nachdenken über das Projekt einer Tonlehre, die ähnlich aufgebaut sein sollte wie seine Farbenlehre. In seinem Brief an Zelter vom 9. Juni 1827 heißt es am Ende: »Begegnet Dir beim Auspacken meine musikalische Tabelle so sende sie mir doch gleichfalls; ich mag sie wieder einmal gerne vor Augen haben; denn ich bilde mir ein es seien mir einige neue Lichter über diese Region aufgegangen.« Im Jahr zuvor hatte Goethe seinem umfangreichen Brief vom 9. September 1826 zwei große Bogen beigelegt, auf denen der Entwurf einer Tonlehre unter physikalischen Aspekten dargestellt war. Er schrieb dazu: »Die Tabelle der Tonlehre ist nach vieljährigen Studien und, wenn Du Dich erinnerst, nach Unterhaltungen mit Dir, etwa im Jahr 1810 geschrieben.« Es handelte sich um das schon erwähnte Schema einer naturwissenschaftlich geprägten Tonlehre, das nach Abschluß der Farbenlehre als Ergebnis der Gespräche, die Goethe im Sommer 1810 mit Zelter in Karlsbad geführt hatte, entstanden war. Erste Überlegungen dazu hatte er schon 1791 angestellt und seinem damaligen Gesprächspartner Reichardt angeboten, gemeinsam eine Tonlehre zu entwickeln. Reichardt zeigte allerdings kein Interesse. In einer tabellarischen Übersicht, die von der Entstehung des »Hörbaren« ausgeht und mit der »Kunstbehandlung« abschließt, werden vor allem die mit der Musik verbundenen akustischen Probleme schematisch dargestellt.

Der zweite Problembereich hängt eng mit diesem Schema einer Tonlehre zusammen. In einer ebenfalls langen brieflichen Diskussion mit Zelter ging es um die Begründung der Tongeschlechter Dur und Moll. Während sich die große Terz als charakterisierendes Kennzeichen für den Dur-Dreiklang durch die ganzzahlige Teilung einer Saite erhalten läßt und somit als »natürlich« gelten kann, ist dies für die kleine Terz als Kennzeichen des Moll-Dreiklangs nicht möglich. Sie ist nach Zelters Auffassung gegenüber der großen Terz ein abgeleitetes Intervall, also nicht von Natur aus gegeben. Goethe widersprach dieser Darstellung seines Freundes immer wieder und vehement. Für ihn waren beide Tongeschlechter gleichwertig, und Moll galt ihm wegen der kompositorischen Tradition und der menschlichen Stimme ebenfalls als »natürliche« Harmonie. Die Dur-Moll-Problematik war Thema zahlreicher Briefe zwischen Goethe und Zelter, ein Disput, der bis zuletzt offenblieb.

Zelters Werkdeutungen, seine musikgeschichtlichen Exkurse wie die Einschätzung von Musikern und Komponisten erweiterten Goethes musikalischen Horizont beträchtlich, auch wenn sie der Bildung eines unbefangenen Urteils über neue musikalische Erscheinungen und zeitgenössische Musiker manchmal im Wege standen. Die regelmäßigen detaillierten Berichte aus dem reichen Berliner Musikleben ließen Goethe an den musikalischen und künstlerischen Ereignissen der preußischen Residenz teilhaben. Zelters zahlreiche Reisen fanden ihren Niederschlag in langen tagebuchartigen Briefberichten, in denen er dem im Alter nicht mehr so reisefreudigen Freund seine Erlebnisse auf humoristisch-unterhaltsame Weise nahebrachte. In vielen Briefen kommen auch ganz praktische Angelegenheiten zur Sprache: Haus und Familie, Kinder und Wohnung, Fest und Feier, »Teltower Rübchen« und »spanischer Tabak«. Nicht zuletzt diente das Briefgespräch der gegenseitigen Tröstung und Ermutigung in schwierigen Lebenslagen und psychischer Bedrängnis, wozu der plötzliche Selbstmord von Zelters ältestem hoffnungsvollem Sohn ebenso Anlaß bot wie Goethes tiefe Verletzungen durch das Marienbader Erlebnis mit Ulrike von Lewetzow.

Der Ton der Briefe, anfangs förmlich-zurückhaltend und

von der Erörterung musikalischer Sachfragen geprägt, wurde ab 1802 zunehmend offener und persönlicher. Eine tiefergehende Annäherung beider Briefpartner erfolgte nach dem Tod von Zelters Stiefsohn im Jahre 1812. In seinem Antwortbrief ging Goethe ohne Umschweife und ohne erklärende Worte zu dem vertraulichen Du über. Nach anfänglichem Zögern Zelters ergab sich ein ganz zwangloser, offener, von gegenseitigem Verständnis getragener Austausch. Schon 1823 kam es zu Überlegungen, die gesamte Korrespondenz zu veröffentlichen. Im Juni 1826 nahmen diese Pläne konkretere Gestalt an, was in den Folgejahren zu einer leichten Änderung in Ton und Inhalt der Briefe führte.

Noch vor Beginn des Briefwechsels äußerte sich Goethe, der Zelter nur aus Berichten und von den wenigen Liedern kannte, die er bis dahin gehört hatte, gegenüber August Wilhelm Schlegel, wie wichtig ihm eine nähere Bekanntschaft auch für seine eigenen Pläne sein könnte. Am 27. Juni 1798 schrieb er: »Wenn ich irgend jemals neugierig auf die Bekanntschaft eines Individuums war, so bin ichs auf Herrn Zelter. Gerade diese Verbindung zweyer Künste ist so wichtig und ich habe manches über beyde im Sinne, das nur durch den Umgang mit einem solchen Manne entwickelt werden könnte. Das originale seiner Compositionen ist, so viel ich beurteilen kann, niemals ein Einfall, sondern es ist eine radikale Reproduction der poetischen Intentionen. Grüßen Sie ihn gelegentlich aufs beste. Wie sehr wünsche ich daß er endlich einmal sein Versprechen, uns zu besuchen, realisiren möge.« Die Sympathie vertiefte sich im Laufe der Korrespondenz zu einer festen Freundschaft. Goethe schätzte in Zelter den tüchtigen Handwerker und den sensiblen Künstler, den derben Erzähler und den präzisen Berichterstatter. Nach Zelters längerem Besuch in Weimar im Juni 1803, als sich beide auch persönlich näher kennenlernten, charakterisierte ihn Goethe in den Tag- und

Jahresheften 1803: »Auch mit Zelter ergab sich ein näheres Verhältnis; bei seinem vierzehntägigen Aufenthalt war man wechselseitig in künstlerischem und sittlichem Sinne um vieles näher gekommen. Er befand sich in dem seltsamsten Drange zwischen einem ererbten, von Jugend auf geübten, bis zur Meisterschaft durchgeführten Handwerk, das ihm eine bürgerliche Existenz ökonomisch versicherte, und zwischen einem eingebornen, kräftigen, unwiderstehlichen Kunsttriebe, der aus seinem Individuum den ganzen Reichtum der Tonwelt entwickelte. Jenes treibend, von diesem getrieben, von jenem eine erworbene Fertigkeit besitzend, in diesem nach einer zu erwerbenden Gewandtheit bestrebt, stand er nicht etwa wie Hercules am Scheidewege zwischen dem was zu ergreifen oder zu meiden sein möchte, sondern er ward von zwei gleich werten Musen hin und hergezogen, deren eine sich seiner bemächtigt, deren andere dagegen er sich anzueignen wünschte. Bei seinem redlichen, tüchtig bürgerlichen Ernst war es ihm eben so sehr um sittliche Bildung zu tun, als diese mit der ästhetischen so nah verwandt, ja ihr verkörpert ist, und eine ohne die andere zu wechselseitiger Vollkommenheit nicht gedacht werden kann.«

Auch gegenüber Eckermann hob Goethe dieses Doppelte, die realitätsbezogene Tüchtigkeit und die künstlerische Sensibilität, das Derbe und das Zarte, als charakteristisch für Zelters Persönlichkeit hervor. Zudem war er davon überzeugt, daß Berlin schon aus Gründen des Selbstschutzes eine gewisse Grobheit verlangte. Zelter »kann bei der ersten Bekanntschaft etwas sehr derbe, ja mitunter sogar etwas roh erscheinen. Allein das ist nur äußerlich. Ich kenne kaum jemanden, der zugleich so zart wäre wie Zelter. Und dabei muß man nicht vergessen, daß er über ein halbes Jahrhundert in Berlin zugebracht hat. Es lebt aber, wie ich an allem merke, dort ein so verwegener Menschenschlag beisammen, daß man mit der Delikatesse nicht weit reicht, sondern daß man Haare auf den Zähnen haben und mitunter etwas grob sein muß, um sich über Wasser zu halten.« (4. Dezember 1823) Besonders schätzte er die Qualitäten des Briefschreibers Zelter. So äußerte er sich zu Eckermann im Zusammenhang mit der geplanten Veröffentlichung der Korrespondenz am 20. Juni 1827: »Ja, Zelter ist immer grandios und tüchtig! – Ich gehe jetzt [...] seine Briefe durch, die ganz unschätzbare Sachen enthalten. Besonders sind die Briefe, die er mir auf Reisen geschrieben, von vorzüglichem Werte; denn da hat er als tüchtiger Baumeister und Musikus den Vorteil, daß es ihm nie an bedeutenden Gegenständen des Urteils fehlt. So wie er in eine Stadt eintritt, stehen die Gebäude vor ihm, und sagen ihm, was sie Verdienstliches und Mangelhaftes an sich tragen. Sodann ziehen die Musik-Vereine ihn sogleich in ihre Mitte und zeigen sich dem Meister in ihren Tugenden und Schwächen. Wenn ein Geschwindschreiber seine Gespräche mit seinen musikalischen Schülern aufgeschrieben hätte, so besäßen wir etwas ganz Einziges in seiner Art. Denn in diesen Dingen ist Zelter genial und groß und trifft immer den Nagel auf den Kopf.« Ja, diesem von ihm so geschätzten Mann und Freund sah Goethe, den sonst Brillen und Menschen mit Brillen abstießen, sogar seine Augengläser nach: »Der einzige Mensch, bei dem die Brille mich nicht geniert, ist Zelter; bei allen Anderen ist sie mir fatal« (zu Eckermann am 5. April 1830). Wie sehr Zelter seinerseits den Weimarer Freund schätzte und verehrte, ja liebte, machen die oft überschwenglichen persönlichen Anreden in den meisten seiner Briefe und die direkt an Goethe gerichteten Worte immer wieder deutlich.

Goethes anfängliche Hoffnung, in Zelter einen Komponisten für seine immer noch nicht ganz aufgegebenen Bühnenpläne gefunden zu haben, erfüllte sich allerdings nicht. Dieser war sich seiner Grenzen bewußt und hielt sich an die Vertonung von Liedern und kleineren Werken für Klavier oder Kammermusik. Auch Goethes Versuch, mit Zelter zusammen eine Oper für das Berliner Theater zu schreiben, scheiterte an Zelters Zaudern, vielleicht aber auch an seinem Unvermögen in bezug auf musikalische Großformen. Während die meisten seiner mehr als 200 Lieder, darunter etwa 90 nach Texten von Goethe, und ein Teil der Chormusik heute noch Bestand haben und durchaus hörenswert sind, haben seine Kantaten, einige Opernszenen, kleine Sinfonien und Instrumentalkonzerte die Zeit nicht überdauert. Nur sein Bratschenkonzert wird gelegentlich noch gespielt. Zelters Liedvertonungen gehören, wenn man sie am Liedschaffen Franz Schuberts, Robert Schumanns und Hugo Wolfs mißt, sicher nicht zu den herausragenden Leistungen deutscher Liedkunst. Stellt man sie indessen in den zeit- und musikgeschichtlichen Kontext, dann erweist sich, daß auch seine Lieder Beispiele für das deutsche Kunstlied sind, die aus der damals üblichen und breiten Liedproduktion herausragen und die, man denke etwa an die Volksliedvertonungen von Johannes Brahms, durchaus weiterführen.

Es wurde Zelter immer wieder vorgeworfen, daß er Goethes Einschätzung zeitgenössischer Musiker und ihrer Werke negativ beeinflußt und so die Bildung seines unbefangenen Urteils verhindert habe, ein Vorwurf, der nur sehr eingeschränkt zutrifft. Zelter, dessen Musikauffassung und Musikerleben stark vom späten Barock und der frühen Klassik geprägt waren, hatte schon mit Beethoven und Carl Maria von Weber und stärker noch mit den Entwicklungen hin zu einer mehr subjektiv geprägten Musik der beginnenden Romantik seine Schwierigkeiten, woraus er keinen Hehl machte. Zur Musik Beethovens und Webers hat er sich später wesentlich differenzierter geäußert, ganz abgesehen davon, daß auch unser heutiges Urteil über die Libretti zu Webers »Euryanthe« und »Oberon« nicht gerade freundlich ausfällt. Von den Zeiten, die mit Franz Schubert und Hector

Berlioz anbrachen, hat er wahrscheinlich gar nichts geahnt. Über Franz Schubert hat sich Zelter bis auf eine indirekte Bemerkung gegenüber Goethe überhaupt nicht geäußert, so daß hier von einer direkten Beeinflussung nicht die Rede sein kann.

Sinnvoller scheint es, von den Gemeinsamkeiten auszugehen, die beide in bezug auf die Stellung der Musik innerhalb der Künste und speziell die Ziele der Liedvertonung verbanden. Hier waren sich Dichter und Komponist viel näher, als man immer glaubt. Goethe schätzte Zelters Kompositionsweise und »empfand in dem Bestreben des Musikers«, wie Norbert Miller feststellt, »den Keim der Musik im Gedicht aufzuspüren und für die dem Gesang überhaupt offenen Ohren durch die Melodie zu erschließen, ein dem eigenen Dichten ganz nahes Kunstverständnis. Auch für ihn blieben ja zeitlebens die Volksweise und das anakreontische Idyll die beiden der Musik ursprünglich zugewandten Sphären der Lyrik.« Diesem Verständnis Goethes entsprach das in Strophen gegliederte Lied, wie es Zelter nach Meinung des Dichters so meisterhaft zu vertonen verstand. An Wilhelm von Humboldt schrieb er am 14. März 1803: »Zelter trifft den Charakter eines solchen, in gleichen Strophen, wiederkehrenden Ganzen trefflich, so daß es in jedem einzelnen Theile wieder gefühlet wird, da wo andere, durch ein sogenanntes Durchcomponiren, den Eindruck des Ganzen durch vordringende Einzelnheiten zerstören.« Hier bedurfte es also gar keiner Beeinflussung, hier waltete Geistesverwandtschaft, was auch für andere Bereiche der Musik und der damaligen Musikszene zutraf.

Am 3. November 1821 überreichte Zelter bei einem seiner Besuche in Weimar Goethe ein Exemplar seiner »Neuen Liedersammlung«, die u. a. die Vertonung des Gedichts »Um Mitternacht« enthielt. Goethe druckte das Gedicht 1822 in seiner Zeitschrift »Über Kunst und Altertum«, zusammen mit einem Hinweis auf die Liedersammlung, der es entnommen war. Die Lieder, so heißt es in diesem Text, »zeigen von der Wechselwirkung zweier Freunde, die seit mehrern Jahren einander kein Rätsel sind; daher es denn dem Komponisten natürlich ward sich mit dem Dichter zu identifizieren, so daß dieser sein Inneres aufgefrischt und belebt, seine Intentionen ganz aufs neue wieder hervorgebracht fühlen mag, und dabei erwarten darf, daß diese Anklänge in Ohr und Gemüt so manches Wohlwollenden noch lange wiederzutönen geeignet sind.« Diese »Wechselwirkung zweier Freunde« erstreckte sich auf nahezu alle Bereiche der Musik, des musikalischen Empfindens wie des Lebens überhaupt.

Die Freundschaft zwischen Goethe und Zelter drückte sich nicht allein in ihrer umfangreichen Korrespondenz aus. Zwischen 1802 und 1831 kam Zelter des öfteren nach Weimar, oder er traf Goethe bei Gelegenheit eines Kuraufenthaltes. Diese persönlichen Kontakte reichten von Begegnungen, die nur wenige Tage dauerten, bis zu mehrwöchigen Besuchen. Insgesamt verbrachten sie mehr als zwanzig Wochen zusammen, am häufigsten in Weimar, zweimal in Böhmen während der Badekur und einmal für vier Wochen in Wiesbaden, von wo aus beide die Rhein-Main-Gegend bereisten. Der mehrfach dringlichen Einladung nach Berlin ist Goethe nicht gefolgt.

Bei seinem Besuch im November 1821 brachte Zelter seine Tochter Doris und seinen berühmtesten Schüler, den zwölfjährigen Felix Mendelssohn, mit. Schon im April 1816 hatte Zelter in einem Brief, der Goethe durch den Bankier Abraham Mendelssohn, den Vater von Felix und Fanny, überbracht worden war, dessen musikbegabte Kinder, besonders Tochter Fanny, erwähnt: »Er hat liebenswürdige Kinder und sein ältestes Töchterchen könnte Dich etwas von Sebastian Bach hören lassen. Dies Kind war etwas verschniegelt wie sie es noch ist und alle sind die früh zum Leben reifen.« Felix und Fanny, die beide schon hervorragend Klavier spielten, hatten 1819 mit dem Kompositionsunterricht bei Zelter begonnen, der beide Kinder schnell liebgewann, ihre reiche allseitige Begabung bewunderte und ihr musikalisches Talent nach Kräften förderte. Seit Oktober 1820 sangen die Geschwister in der Altstimme seiner Singakademie mit, der übrigens viele Mitglieder der Familie Mendelssohn angehörten. Nun endlich wollte Zelter seinen begabtesten Schüler auch dem Freund in Weimar vorstellen. Alle drei Besucher hielten sich mehr als vierzehn Tage, vom 3. bis zum 19. November, in Weimar auf, wo sie im Gasthof »Elephant« wohnten. Sie waren am Samstag angekommen, und am Sonntag, nach dem Gottesdienst, hatte sich Felix Mendelssohn in den Gasthof zurückgezogen und zeichnete, wie er seinen Eltern im Brief vom 6. November 1821 berichtete, das Lucas-Cranach-Haus. »Nach zwei Stunden kam Professor Zelter: ›Goethe ist da, der alte Herr ist da!‹ Gleich waren wir die Treppe hinunter, in Goethes Haus.« Völlig unbefangen begegnete der zwölfjährige Felix dem berühmten Dichter, und schnell entwickelte sich gegenseitige Sympathie. »Nachher ging ich noch eine halbe Stunde im Garten mit ihm und Professor Zelter. Dann zu Tisch. Man hält ihn nicht für einen Dreiundsiebziger, sondern für einen Fünfziger. Nach Tisch bat sich Fräulein Ulrike, die Schwester der Frau von Goethe [Schwiegertochter Ottilie von Goethe], einen Kuß aus, und ich machte es ebenso. Jeden Morgen erhalte ich vom Autor des ›Faust‹ und des ›Werther‹ einen Kuß und jeden Nachmittag vom Vater und Freund Goethe zwei Küsse. Bedenkt! [...] Nachmittag spielte ich Goethe über zwei Stunden vor, teils Fugen von Bach, teils phantasierte ich.« Fast täglich war Felix nun im Haus am Frauenplan zu Gast und spielte auf dem Klavier. Es wurde aber nicht nur musiziert, sondern auch gespielt und herumgetobt, wie Adele Schopenhauer in ihrem Tagebuch festgehalten hat: »Wenn man so die drei, Walther [Goethes Enkel], Felix und Heinrich [Nicolovius, Goethes Großneffe und stud. jur.], zusammen herumspringen oder tanzen und ringen sieht, so gibt es eine ganze Menge anmutiger Bilder.«

Zur selben Zeit hielt sich der spätere Berliner Musikkritiker Heinrich Friedrich Ludwig Rellstab für einige Wochen in Weimar auf. Er berichtete ausführlich von einem Konzertabend am 8. November im Hause Goethes, zu dem er ebenfalls eingeladen war. Als erstes sollte Felix über ein Lied phantasieren, das ihm Zelter vorspielte. Der junge Pianist spielte das Lied zunächst nach »und brachte dann, indem er die Triolenfigur in beiden Händen unisono einigemal übte, gewissermaßen seine Finger in das Geleise der Hauptfigur, damit sie sich ganz unwillkürlich darin bewegen möchten. Jetzt begann er, aber sogleich im wildesten Allegro. Aus der sanften Melodie wurde eine aufbrausende Figur, die er bald im Baß, bald in der Oberstimme nahm, sie mit schönen Gegensätzen durchführte, genug: eine im feurigsten Fluß fortströmende Phantasie gab. [...] Ein überraschtes gefesseltes Schweigen herrschte, als er die Hände nach einem energisch aufschnellenden Schlußaccord von der Claviatur nahm und sie nunmehr ruhen ließ.« Nicht nur die anwesenden Gäste, auch Goethe war von dem Spiel des kleinen Felix höchst angetan und verlangte nach weiteren Proben seines Könnens. Weil Zelter wußte, daß Goethe besonders die Bachschen Fugen liebte, wählte er eine Fuge aus, »und der Knabe spielte dieselbe völlig unvorbereitet mit vollendeter Sicherheit«. Es folgte das Menuett aus Mozarts »Don Giovanni«, das Mendelssohn gegenüber Goethe als »das schönste in der ganzen Welt« bezeichnete. Als sich Goethe die Ouvertüre zu dieser Oper wünschte, wurde ihm dies abgeschlagen mit der Begründung, »sie lasse sich nicht spielen, wie sie geschrieben

stehe, und abändern dürfe man nichts daran. Dagegen erbot
er sich die Ouvertüre zum ›Figaro‹ zu spielen. Er begann sie
mit einer Leichtigkeit der Hand, mit einer Sicherheit, Run-
dung und Klarheit in den Passagen, wie ich sie nie wieder
gehört«, so das Urteil Rellstabs. Goethe holte einige Noten-
blätter aus seiner Autographensammlung. »Er legte ein Blatt
mit klar, aber klein geschriebenen Noten auf das Pult; es war
Mozart's Handschrift […] Der junge Künstler spielte mit
vollster Sicherheit, ohne nur den kleinsten Fehler zu machen,
das nicht leicht zu lesende Manuscript vom Blatt; […] das
Stück klang, als wisse es der Spieler seit Jahr und Tag auswendig, so sicher, so klar, so abgewogen im Vortrag.« Goethe,
nun in heiterster Stimmung, war noch nicht zufriedenge-
stellt. Er legte dem jungen Pianisten ein weiteres Notenblatt
vor, und Zelter rief gleich, als Goethe fragte, wer das wohl
geschrieben habe: »Das hat ja Beethoven geschrieben! Der
schreibt immer wie mit einem Besenstiel und mit dem Är-
mel über die frischen Noten gewischt.« Felix schaute sich
die Noten einen Augenblick an und begann, nach einer auf-
munternden Bemerkung Goethes, zu spielen: »Es war ein
einfaches Lied; deutlich geschrieben, eine kinderleichte, gar
keine Aufgabe, selbst für einen mittleren Spieler, so aber
gehörte doch dazu, um aus den zehn und zwanzig ausgestri-
chenen, halb und ganz verwischten Noten und Stellen die
gültigen herauszufinden, eine Schnelligkeit und Sicherheit
des Überblicks, wie sie wenige erringen werden […] Einmal
spielte er es so durch, im Allgemeinen richtig, aber doch
einzeln innehaltend, manchen Fehlgriff unter einem raschen
›Nein, so!‹ verbessernd; dann rief er: ›Jetzt will ich es Ihnen
vorspielen!‹.Und dieses zweite Mal fehlte auch nicht eine
Note; die Singstimme sang er theils, theils spielte er sie mit.«
Goethe war, wie Rellstab berichtet, hellauf begeistert und
»weissagte dem musikalischen Wunderknaben die größte
Zukunft«.

Am 5. Dezember 1821 bedankte sich Goethe bei Vater Mendelssohn für den Besuch seines Sohnes und für die musikalischen Erlebnisse, die er ihm bereitet hatte: »Wenn der talentvolle, fähige und fertige Felix mich manchmal bey'm Nachtisch den Kopf umwenden und nach dem Flügel schauen sähe, so würde er fühlen, wie sehr ich ihn vermisse und welches Vergnügen mir seine Gegenwart gewährte. Denn seit dem Scheiden der so willkommenen Freude ist es wieder ganz still und stumm bey mir geworden, und wenn es höchst genußreich war, gleich bey'm Empfang nach langer Abwesenheit, meine Wohnung in dem Grade belebt zu finden; so ist der Contrast an trüben und kurzen Wintertagen leider allzufühlbar.« Und noch im Februar 1822 bedauerte er gegenüber Zelter, daß seit ihrer Abreise »sein Flügel verstummt« sei. Im Januar hatte Goethe ein kleines Gedicht für Felix Mendelssohn geschrieben:

> Wenn über die ernste Partitur
> Quer Steckenpferdlein reiten;
> Nur zu! auf weiter Töne-Flur
> Wirst manche Lust bereiten,
> Wie Du's getan mit Lieb und Glück,
> Wir wünschen dich allesamt zurück.

> Weimar d. 20. Januar 1822   Goethe

Die Verse waren zwei Scherenschnitten beigefügt, die Adele Schopenhauer von Felix Mendelssohn angefertigt hatte.

Goethe war von der ungezwungenen Selbstsicherheit und dem Liebreiz des hochmusikalischen Knaben tief berührt. In der Folge entwickelte sich zwischen dem alten Mann und dem jungen Musiker ein enges Verhältnis voller Herzenswärme und wechselseitiger Zuneigung. Es äußerte

FELIX MENDELSSOHN BARTHOLDY (1809–1847)

Bleistiftzeichnung von Wilhelm Hensel, 1822
Bildarchiv Preußischer Kulturbesitz. Foto: Jörg P. Anders

Pianist, Komponist und Dirigent, Schüler Zelters; der alte Goethe
entwickelte zu dem jungen Musiker, der ihn mehrfach besuchte
und ihm vorspielte, eine innige Beziehung.

sich auch in den weiteren Besuchen Mendelssohns 1822, 1825 und 1830 wie in zahlreichen Briefen an den greisen Dichter und dauerte bis zu dessen Tod. Von seinen Konzerterfolgen und seiner künstlerischen Entwicklung ließ sich Goethe immer wieder von Zelter berichten.

Bei einem kurzen Besuch Anfang Oktober 1822 war auch Felix' Schwester Fanny dabei, die Goethe gleichfalls vorspielte. Die Mutter Lea Mendelssohn gab davon später folgenden Bericht: »Stundenlang sprach er mit meinem Mann über Felix, herzlich lud er ihn ein, wieder längere Zeit bei ihm zu wohnen, mit sichtlichem Wohlgefallen ruhten seine Blicke auf ihm, und sein Ernst verwandelte sich in Heiterkeit, wenn er nach seinem Sinn phantasirt hatte. Da er gewöhnliche Musik nicht liebt, war sein Piano seit Felix' Abwesenheit unberührt geblieben, und er öffnete es ihm mit den Worten: ›Komm und wecke mir all die geflügelten Geister, die lange darin geschlummert.‹ Und ein ander Mal: ›Du bist mein David! Sollte ich krank und traurig werden, so banne die bösen Träume durch Dein Spiel; ich werde auch nie wie Saul den Speer nach Dir werfen …‹ Auch gegen Fanny war er sehr gütig und herablassend; sie mußte ihm viel Bach spielen, und seine von ihr componirten Lieder gefielen ihm außerordentlich, so wie ihn überhaupt erfreut, sich in Musik gesetzt zu sehen.«

Felix Mendelssohn Bartholdy, wie er seit 1822 hieß, widmete Goethe sein 1825 vollendetes Klavierquartett Nr. 3 in h-moll, opus 3, und spielte es ihm bei seinem Besuch im Mai 1825 zusammen mit Weimarer Musikern vor. Im Januar 1827 wurde es »von der Familie Eberwein, nebst einigen Mitgliedern des Orchesters«, wie Eckermann berichtet, in einer musikalischen Abendunterhaltung bei Goethe noch einmal aufgeführt.

1830 war es das letztemal, daß Felix Mendelssohn Bartholdy in Weimar Station machte. Vierzehn Tage, vom

21. Mai bis zum 3. Juni, hielt er sich im Haus des fast achtzigjährigen Goethe auf. Auch diesmal spielte er ihm fast täglich auf dem Klavier vor. Von einem Abend berichtete Felix seinen Eltern: »Gestern [24. Mai] Abend war ich in einer Gesellschaft bei Goethe und spielte den ganzen Abend allein: Conzertstück, Aufforderung, Polonaise in C von Weber. Drei wälsche Stück, schottische Sonate. Um zehn war es aus, und ich blieb aber natürlich unter dummem Zeug, Tanzen, Singen u. s. w. bis zwölf, lebe überhaupt ein Heidenleben. Der Alte geht immer um neun Uhr auf sein Zimmer, und sowie er fort ist, tanzen wir auf den Bänken und sind noch nie vor Mitternacht auseinandergegangen. [...] Vormittags muß ich ihm ein Stündchen Klavier vorspielen von allen verschiedenen großen Componisten nach der Zeitfolge, und muß ihm erzählen, wie sie die Sache weitergebracht hätten, und dazu sitzt er in einer dunklen Ecke wie ein Jupiter tonans [donnernder Jupiter] und blitzt mit den alten Augen. An den Beethoven wollte er gar nicht heran; ich sagte ihm aber, ich könne ihm nicht helfen, und spielte ihm nun das erste Stück der C-Moll-Symphonie vor. Das berührte ihn ganz seltsam. Er sagte erst: ›Das bewegt aber gar nichts, das macht nur staunen; das ist grandios!‹ Und dann brummte er so weiter und fing nach langer Zeit wieder an: ›Das ist sehr groß, ganz toll! Man möchte sich fürchten, das Haus fiele ein. Und wenn das nun alle die Menschen zusammen spielen!‹« Und an seinen Lehrer Zelter berichtete er: »Über die Ouvertüre von Seb. Bach aus D-Dur mit den Trompeten, die ich ihm auf dem Klavier spielte, so gut ich konnte und wußte, hatte er eine große Freude; im Anfange gehe es so pompös und vornehm zu, man sehe ordentlich die Reihe geputzter Leute, die von einer großen Treppe heruntersteigen.« Das ist ein weiteres Beispiel für Goethes Fähigkeit, die gehörte Musik auch in ihren abstrakteren Formen in vorgestellte Bilder umzusetzen.

1831 teilte ihm Mendelssohn aus Rom mit, daß er das Gedicht »Die erste Walpurgisnacht« vertone. Goethe äußerte seine Freude darüber in dem Antwortschreiben vom 9. September und gab dem Komponisten einige Hinweise zur Deutung des Textes: »Daß du die erste Walpurgisnacht dir so ernstlich zugeeignet hast, freut mich sehr; da niemand, selbst unser trefflicher Zelter, diesem Gedicht nichts abgewinnen können. Es ist im eigentlichen Sinne hoch symbolisch intentionirt. Denn es muß sich in der Weltgeschichte immerfort wiederholen, daß ein Altes, Gegründetes, Geprüftes, Beruhigendes durch auftauchende Neuerungen gedrängt, geschoben, verrückt und, wo nicht vertilgt, doch in den engsten Raum eingepfercht werde. Die Mittelzeit, wo der Haß noch gegenwirken kann und mag, ist hier prägnant genug dargestellt, und ein freudiger unzerstörbarer Enthusiasmus lodert noch einmal in Glanz und Klarheit hinauf. Diesem allen hast du gewiß Leben und Bedeutung verliehen und so möge es denn auch mir zu freudigem Genuß gedeihen.« Doch weder diese Musik noch die schon früher komponierte Ouvertüre zu den Gedichten »Meeresstille« und »Glückliche Fahrt« hatte er hören können, da beide Stücke erst nach seinem Tod aufgeführt wurden.

Der durch seinen Freund Zelter vermittelte Kontakt mit dem schon in jungen Jahren berühmten Musiker war für den alten Goethe ein persönlicher und musikalischer Gewinn. Noch einmal hat ihm ein Pianist und Komponist, ein hochbegabter Knabe, die musikalische Welt in ihrer ganzen Breite auf menschlich bewegende, ja beglückende Weise nahegebracht.

Begegnungen
mit zeitgenössischen Virtuosen

Noch weit bis ins 19. Jahrhundert hinein wirkten an den meisten der kleinen und mittleren Residenzen Europas eigene musikalische Ensembles, die Hofkapellen. Der Hofkapellmeister als Leiter eines solchen Ensembles war, vor allem in den größeren, finanzkräftigeren Residenzen, ein hochkarätiger und über die Landesgrenzen hinaus bekannter Musiker, der neben der Leitung und Organisation der Hofkonzerte die Aufgabe hatte, immer wieder für neue Kompositionen zu sorgen. Ihren im allgemeinen kargen Lohn bezogen diese Musiker wie auch die Mitglieder der Hofkapellen aus der Schatulle des jeweiligen Landesherrn. Eine Anstellung als Hofkapellmeister war sehr begehrt, weil sie in der Regel höher dotiert war als eine Organisten- oder Kantorenstelle und den Lebensunterhalt des Betreffenden und seiner Familie sicherte. Zudem ermöglichte sie ihm, Talent und Fähigkeiten umfassender zur Geltung zu bringen. Der Preis dafür war Abhängigkeit von den Launen und dem Wohlwollen des Landesherrn, Bindung an die Gepflogenheiten des Hofes und oft auch physische und psychische Ausbeutung. Der Hofkapellmeister und seine Musiker waren zwar Spezialisten mit besonderen Fähigkeiten und besonderem Auftrag, behandelt aber wurden sie mehr oder weniger wie Lakaien. Von freier Entfaltung und künstlerischer Unabhängigkeit konnte in einer solchen Konstellation keine Rede sein. Erst mit der Entwicklung eines selbständigen Bürgertums bildeten sich im ausgehenden 18. Jahrhundert zwei neue Typen musikalischen Künstlertums heraus: der freie

Komponist und der reisende Virtuose, beide oft in Personalunion auftretend. Als Instrumentalisten, die auf die häufig demütigende Bindung an den Hof verzichteten, dafür aber Sicherheit und regelmäßiges, wenn auch schmales Einkommen preisgaben, zogen sie gewissermaßen freiberuflich durch die Lande. Sie boten ihre Kunst vor einem städtischen Publikum dar, waren aber auch in den Residenzen hochwillkommene Gäste. Dem kam das Bedürfnis der Bürger in den größer werdenden Städten entgegen, die an den musikalischen Ereignissen, die bis dahin auf den engeren Bereich eines Hofes beschränkt waren, teilhaben wollten. Diese Entwicklung hin zum selbständigen musikalischen Künstler verstärkte sich mit Beginn des neuen Jahrhunderts und erreichte im bürgerlichen Konzertbetrieb des 19. und 20. Jahrhunderts ihren Höhepunkt.

Obwohl die Hofkapellmeister Müller und Hummel der Weimarer Hofkapelle zwischen 1810 und 1857 nach Jahren des Niedergangs wieder zu größerem Ansehen verholfen hatten und sich ein reiches Musikleben entfalten konnte, nutzte auch das Herzogtum Sachsen-Weimar-Eisenach die Möglichkeit, die Attraktivität des Repertoires durch reisende Musiker zu erhöhen. Dabei ist nicht zu vergessen, daß Müller wie Hummel selbst hervorragende Klaviervirtuosen waren, die das Publikum in und außerhalb Weimars begeisterten.

Am 29. Januar 1812 fand am Hof in Weimar ein Konzert mit dem damals schon berühmten Pianisten Carl Maria von Weber und dem Klarinettisten Heinrich Josef Bärmann statt, bei dem gewiß auch eigene Kompositionen Webers gespielt wurden. Bärmann, 1784 in Potsdam geboren und zwischen 1798 und 1806 Klarinettist in der Kapelle des Berliner Garderegiments, ging 1807 als Hofmusiker nach München, wo er 1847 starb. Er ist der Vater von Karl Bärmann, der ebenfalls als Klarinettist berühmt wurde und dessen Unterrichtswerk

»Vollständige Clarinett-Schule« gelegentlich heute noch verwendet wird. Ab 1809 unternahm Bärmann mit Weber, mit dem er befreundet war und der für ihn seine Klarinettenkompositionen geschrieben hatte, mehrere ausgedehnte Konzertreisen. Der 1786 in Eutin geborene Weber, dessen Eltern aus Süddeutschland stammten, war schon als Knabe durch die Unterweisung seines Stiefbruders mit Musik und, da sein Vater mit einer Theatergruppe umherreiste, auch mit dem Theater vertraut. Die Reisen vermittelten ihm bereits in jungen Jahren zahlreiche Kontakte, so mit Michael Haydn in Salzburg, mit Johann Nepomuk Kalcher in München und mit dem Organisten Georg Joseph Vogler, genannt Abbé Vogler, in Wien, wo er auch Hummel kennenlernte. Durch Voglers Vermittlung wurde er mit knapp achtzehn Jahren Kapellmeister am Theater in Breslau, allerdings nur für wenige Monate. 1806 fand er am Hof in Stuttgart eine Anstellung als Musikintendant des Prinzen und Sekretär des Königs. Infolge einer Intrige wurde er jedoch bald entlassen und des Landes verwiesen. Daraufhin verschaffte ihm der Stuttgarter Opernkapellmeister ein Engagement in Mannheim. Ab 1809 war Weber als reisender Pianist in Süddeutschland unterwegs. Die ausgedehnte Konzertreise, die er 1812 zusammen mit Bärmann unternahm, führte die beiden Musiker über Prag, Leipzig, Dresden und Gotha auch nach Weimar. Die Reise endete wieder in Prag, wo Weber 1813 die Stelle des Operndirektors am Landstädtischen Theater übernahm.

Das Weimarer Konzert fand wahrscheinlich im Schloß und vor geladenem Publikum, meist Mitgliedern der Hofgesellschaft, statt. Damals wie heute nahmen an solcher Art Galaveranstaltungen viele nur aus Repräsentations- und Prestigegründen teil. Für sie war es ein gesellschaftliches Ereignis, bei dem man sich sehen lassen mußte, während die musikalischen Darbietungen eher nebensächlich waren. Die disziplinierte Ruhe, wie sie heute in den Konzertsälen herrscht, war damals nicht üblich und kleine Unterhaltungen kein Stein des Anstoßes. So hatte sich auch Goethe während der Musik, wie Weber später erzählte, mehrmals ziemlich laut mit seinen Nachbarn unterhalten. Zudem fertigte er, als ihm nach dem Konzert die beiden Musiker vorgestellt wurden, den schon weithin bekannten Klaviervirtuosen und Komponisten Carl Maria von Weber ziemlich kurz und ein wenig über die kalte Schulter ab. Demgegenüber äußerte er sich am 31. Januar 1812 in einem Brief an den Gothaer Gelehrten Adolf Heinrich Friedrich von Schlichtegroll recht wohlwollend: »In diesen Tagen sind ein paar geschickte Musiker von Weber und Bärmann, bey uns mit großem Beyfall aufgenommen worden, den sie auf alle Weise verdienen.« Kurz darauf, am 2. Februar, gaben die beiden ein weiteres Konzert, dem Goethe wohl schon aufgeschlossener beiwohnte. Eine nochmalige Begegnung am 27. Oktober desselben Jahres – in Goethes Tagebuch nur kurz mit »Herr Capellmeister von Weber« festgehalten – bezeichnete Weber selbst als »recht angenehm«.

Als die vakante Stelle des Weimarer Hofkapellmeisters 1818 zur Besetzung anstand, bewarb sich auch Weber, der nach dreijähriger Tätigkeit in Prag als Kapellmeister in Dresden wirkte. Bei der Entscheidung über die Besetzung der Stelle wurde ihm jedoch der Wiener Johann Nepomuk Hummel vorgezogen, was im wesentlichen auf die Erbgroßherzogin Maria Pawlowna zurückging, eine Tochter des Zaren Paul I., die 1804 den Erbprinzen Carl Friedrich, ältesten Sohn von Großherzog Carl August, geheiratet hatte. Ob Goethes Einstellung zu Carl Maria von Weber von Zelter beeinflußt war, kann nur vermutet werden. Spätere Äußerungen in Zelters Briefen lassen es als nicht ganz abwegig erscheinen. Auch nach 1818 hat Goethe Musik von Weber gehört, zum Beispiel durch das Vorspiel Felix Mendelssohns. Am 26. Mai 1830 heißt es im Tagebuch: »Felix producirte eine Ouvertüre von Weber und eine kleine heitre Composition.«

Für den 16. September 1820 hält das Tagebuch fest: »Candidat Loewe aus Halle, musikalisch.« An diesem Tage besuchte der Student und spätere Stettiner Musikdirektor Johann Carl Gottfried Loewe den Dichter in Jena. Loewe hatte bereits einige Balladen vertont, u. a. den »Erlkönig«. Der Komponist selbst berichtete über die Begegnung: »Es war 1820, als Loewe sich als Student aus Halle bei Goethe melden ließ. Er hatte den ›Erlkönig‹ componirt, hatte ihn mitgebracht und wünschte ihn dem Dichter vorzusingen. Bemerkenswerth ist, daß Loewe noch die Äußerung wagte: er hielte den ›Erlkönig‹ schon deshalb für die beste deutsche Ballade, weil die Personen alle redend eingeführt würden. ›Darin haben Sie recht‹, sagte Goethe.« Doch seine Komposition vorzusingen und vorzuspielen war Loewe nicht möglich: »Leider war kein Instrument vorhanden, und Goethe forderte den Studenten auf, zu seinen musikalischen Freitagsabenden in Weimar zu kommen. Das konnte leider nicht sein.« So verpaßte Goethe die Chance, seinen »Erlkönig« durch den Komponisten selbst zu hören, der insgesamt mehr als fünfzig seiner Gedichte und Balladen vertont hat. Im weiteren fällt der Name nicht mehr. Nur Zelter kommt am 18. Januar 1824 auf ihn zu sprechen, und zwar hatte Loewe bei ihm seine Prüfung abgelegt, bevor er seine erste Stelle als städtischer Musikdirektor in Stettin antrat. Carl Maria von Weber und Carl Loewe gehören bereits der neuen Epoche der Romantik an, zu deren Musik Goethe nur schwer oder gar nicht Zugang fand.

1819 kam, wie schon berichtet, Johann Nepomuk Hummel als Hofkapellmeister nach Weimar. Wenn Goethe in Fragen des Musiktheaters mit ihm auch nicht immer einer Meinung war, so schätzte er ihn doch als exzellenten Pianisten. Hummel, der im Alter von zwölf Jahren als der beste Klavierspieler von Wien galt, war ein großer, phantasievoller Improvisator auf dem Flügel. Er verstand seine Zuhörer bei vielen Gelegenheiten immer wieder durch sein technisch perfektes, ausdrucksvolles Spiel zu fesseln. So berichtete der Schriftsteller und Historiker Friedrich Christoph Förster, ein Jenaer Kommilitone von Goethes Sohn August, als er am 9. November 1825 bei Goethe zu Besuch war: »Nach dem Dessert setzte sich Hummel ans Instrument und gab dem kleinen Feste mit einer heitern und reichen Phantasie einen glänzenden Schluß.« Wie sehr Goethe den Pianisten Hummel und sein Spiel schätzte, geht aus einer Bemerkung gegenüber Eckermann hervor, in der er ihn gar mit Napoleon vergleicht: »Napoleon behandelte die Welt wie Hummel seinen Flügel; Beides erscheint uns wunderbar, wir begreifen das Eine so wenig wie das Andere, und doch ist es so und geschieht vor unseren Augen. Napoleon [...] war immer in seinem Element und jedem Augenblick und jedem Zustande gewachsen, so wie es Hummeln gleichviel ist, ob er ein Adagio oder ein Allegro, ob er im Baß oder im Diskant spielt. Das ist die Fazilität, die sich überall findet, wo ein wirkliches Talent vorhanden ist, in Künsten des Friedens wie des Krieges, am Klavier wie hinter den Kanonen.« (7. April 1829)

Tiefe seelische Verletzung, aber auch hohen musikalischen Genuß brachte ihm der Sommer 1823 in Marienbad. Ende Juni war Goethe zu seinem üblichen Kuraufenthalt nach Böhmen aufgebrochen, dem letzten dieser Art, den er in Marienbad absolvierte. Die Fülle der Begegnungen und die Verehrung, die ihm viele Badegäste entgegenbrachten, schmeichelten ihm. Unter den zahlreichen Bekannten traf er auch die junge Ulrike von Levetzow wieder, deren heiteres und doch gefühlvolles Wesen ihn schon in den beiden vorangegangenen Jahren angezogen hatte. Jetzt aber vertiefte sich die Sympathie des knapp vierundsiebzigjährigen Dichters für das neunzehnjährige Mädchen zu einer leidenschaftlichen Zuneigung. Herzog Carl August erwies ihm schließlich den Freundschaftsdienst und hielt für ihn in aller Form bei Mutter Amalie von Levetzow um die Hand Ulrikes an, konnte aber, obwohl er der Tochter eine herausragende Stellung bei Hof und eine ansehnliche Pension nach Goethes Tod versprach, nichts anderes erreichen als eine höflich hinhaltende Antwort. Die Damen reisten bald ohne deutliche Erklärung ab, doch signalisierten gewisse Umstände eher Ablehnung als Zustimmung. Auch das erneute Zusammensein mit Amalie von Levetzow und ihren drei Töchtern vier Wochen später in Karlsbad brachte keine Entscheidung im Sinne Goethes. Goethe fühlte sich zum erstenmal zurückgewiesen, tief getroffen und im Innersten verletzt. In diesem labilen seelischen Zustand, ohne Hoffnung auf erneuerte Liebe, begegneten ihm zwei Musikerinnen, denen es gelang, die eben empfangene Wunde des verstörten Dichters durch ihre Musik zu lindern: die Primadonna der Berliner Oper, die hochgeschätzte und berühmte Sopranistin Pauline Anna Milder-Hauptmann, und die Pianistin und Komponistin Maria Szymanowska, die sich auf einer Konzertreise befand und als Klaviervirtuosin gefeiert wurde.

Anna Milder-Hauptmann, 1785 in Konstantinopel geboren, hatte ihre Kindheit und Jugend in Wien verbracht, wo die Schülerin Antonio Salieris 1803 im Theater an der Wien debütierte. Bis 1815 war sie an der Wiener Hofoper engagiert. Für sie hatte Ludwig van Beethoven die Partie der Leonore in seiner Oper »Fidelio« geschrieben, die sie bei der Uraufführung der ersten Fassung 1805 und der endgültigen Fassung 1814 sang. Franz Schubert hatte für sie das Lied »Der Hirt auf dem Felsen« für Singstimme, Klavier und konzertierende Klarinette komponiert. Seit 1816 war sie die Primadonna an der Königlichen Oper in Berlin. Sie sang auch die Sopranpartie bei der Wiederaufführung von Bachs Matthäuspassion durch Zelter im Jahre 1829, der von ihrer Gestaltung hoch begeistert war. Nach einem Streit mit dem Hofkapellmeister Spontini verließ sie 1836 die Berliner Oper. Sie starb im Mai 1838 in Berlin.

Anna Milder-Hauptmann war 1823 ebenfalls in Marienbad zu Gast und hatte Goethe am 13. August aufgesucht, um sich mit ihm bekannt zu machen. Doch traf sie ihn nicht an, und auch bei Goethes Gegenbesuch am nächsten Tag verfehlten sie sich. Am 15. August konnte er bei einem Privatkonzert im Hause des Badearztes Dr. Heidler die berühmte Sängerin sehen und hören, deren Gesang ihn zutiefst ergriff. Im Tagebuch für diesen Tag notierte Goethe: »Zu Doctor Heidler, wo Madame Milder unvergleichlich sang und uns alle zum Weinen brachte.« In einem ausführlichen Brief vom 24. August 1823, in dem er Zelter die Ereignisse dieser Tage schilderte, offenbarte er dem Freund seine tiefe Bewegung: »Mir ist noch eine herrliche Gunst und Gabe von Berlin gekommen; Mad. Milter nämlich zu hören, vier kleine Lieder, die sie dergestalt groß zu machen wußte, daß die Erinnerung dran mir noch Tränen auspreßt. Und so ist denn das Lob, das ich ihr seit so manchem Jahr erteilen höre nicht ein kaltes geschichtliches Wort mehr sondern weckt ein wahrhaft Vernommenes bis zur tiefsten Rührung.« Noch drei Jahre später gedachte er der Sängerin und ihrer Kunst voller Dankbarkeit. Als er hörte, daß sie in Berlin in Glucks Oper »Iphigenie in Tauris« gesungen hatte, übersandte er ihr ein Exemplar seiner »Iphigenie« mit der Widmung:

An Madame Milder

Dies unschuldvolle, fromme Spiel
Das edlen Beifall sich errungen

Erreichte doch noch höhres Ziel
Betont von Gluck, von dir gesungen

Weimar d. 12. Juni 1826   Goethe

Am 7. Oktober 1830 traf Goethe noch einmal mit ihr zusammen, als sie ihn anläßlich eines Gastspiels in Weimar in seinem Haus besuchte. Zwei Tage später hörte er sie im Weimarer Hoftheater als Donna Elvira in Mozarts »Don Giovanni«.

Die 1789 geborene polnische Pianistin und Komponistin Maria Szymanowska geb. Wolowska hatte als Schülerin des Klavierlehrers und Komponisten John Field eine gründliche Ausbildung genossen. John Field, ein Schüler Muzio Clementis, der damals in London wirkte, war auf einer Konzertreise mit seinem Lehrer in St. Petersburg hängengeblieben, wo er sich niederließ und bald den Ruf eines exzellenten Klavierlehrers erwarb. Auch der Ruhm seiner Schülerin Maria Wolowska, die später einen polnischen Grafen Szymanowski heiratete, breitete sich schnell durch ihre Auftritte in St. Petersburg und durch Konzertreisen in Rußland aus. 1822 wurde sie zur Hofpianistin am Zarenhof ernannt. Im Sommer des Jahres 1823 gab sie eine Reihe von Konzerten in den böhmischen Bädern, wo sich jeden Sommer ein Teil der europäischen Hautevolee zur Badekur einfand. Goethe hörte sie, die mit ihrer Schwester Casimira Wolowska unterwegs war, zum erstenmal am 14. August 1823: »Zu Madame Szymanowska, welche in einem benachbarten Hause auf dem Flügel spielte, ein Stück von Hummel, eins von sich und noch zwey andere, ganz herrlich. Mit ihr spazieren gegen die Mühle.« Zwei Tage später, am darauffolgenden Samstag, besuchten Maria Szymanowska und ihre Schwester den Dichter und baten ihn um einige Verse für ihr Stammbuch. Goethe kam dieser Bitte nach und schrieb in den nächsten Tagen ein »Gedicht für Madame Szymanowska«. Am Nachmittag dieses Tages lauschte er wieder ihrem Klavierspiel, wobei es offenbar zunächst einige Schwierigkeiten wegen des Instruments gab, das aus der Nachbarschaft ausgeliehen werden mußte: »Um 4 Uhr bey Madame Szymanowska, welche köstlich spielte. Die Nachbarin hatte das erst verweigerte schöne Piano herüber gegeben.« Am 18. August kam es dann zu einer letzten Begegnung mit der Pianistin, die durch ihr einfühlsames, weiches Spiel wie durch ihre Anmut und Liebenswürdigkeit Goethes Qual gemildert hatte. Noch am Abend dieses Tages gibt er in einem Brief an seine Schwiegertochter Ottilie seinem Empfinden eine weitreichende Deutung: »Madame Szymanowska, ein weiblicher Hummel mit der leichten polnischen Facilität, hat mir diese letzten Tage höchst erfreulich gemacht; hinter der polnischen Liebenswürdigkeit stand das größte Talent gleichsam nur als Folie oder, wenn du willst, umgekehrt. Das Talent würde einen erdrücken, wenn es ihre Anmuth nicht verzeilich machte.«

Am 19. August erreichte Madame Szymanowska ein freundlicher Brief in französischer Sprache, dem die Verse beigefügt waren:

An Madame Marie Szymanowska

Die Leidenschaft bringt Leiden! – Wer beschwigtigt
Beklommnes Herz das allzuviel verloren
Wo sind die Stunden allzuschnell verflüchtigt?
Vergebens war das Schönste dir erkoren!
Trüb' ist der Geist, verworren das Beginnen;
Die hehre Welt wie schwindet sie den Sinnen.

Da schwebt hervor Musik mit Engelschwingen,
Verflicht zu Millionen Tön um Töne,
Des Menschen Wesen durch und durch zu dringen,
Zu Überfüllen ihn mit ewiger Schöne;

Das Auge netzt sich, fühlt in höherm Sehnen
Den Götterwert der Töne wie der Tränen.

Und so das Herz erleichtert merkt behende,
Daß es noch lebt und schlägt und möchte schlagen,
Zum reinsten Dank der überreichen Spende
Sich selbst erwiedernd willig darzutragen.
Da fühlte sich – o! daß es ewig bliebe! –
Das Doppelglück der Töne wie der Liebe.

Marienbad d. 18. Aug. 1823   Goethe

Da Madame Szymanowska nur wenig Deutsch verstand, übersetzte Goethe die Verse auch ins Französische. Dem Gedicht gab er später eine leicht veränderte Fassung und stellte es unter dem Titel »Aussöhnung« zusammen mit »An Werther« und der berühmten Marienbader »Elegie« zur »Trilogie der Leidenschaft« zusammen. Es ist nicht nur eine Huldigung der Klavierkunst der Maria Szymanowska, sondern auch Ausdruck der durch ihre Musik herbeigeführten Lösung seiner inneren Spannung. Jahre später kommt er gegenüber Eckermann noch einmal auf das Gedicht und seine Verbindung zur Elegie zu sprechen: »Zuerst hatte ich, wie Sie wissen, bloß die ›Elegie‹ als selbständiges Gedicht für sich. Dann besuchte mich die Szymanowska, die denselben Sommer mit mir in Marienbad gewesen war und durch ihre reizenden Melodien einen Nachklang jener jugendlich-seligen Tage in mir erweckte. Die Strophen, die ich dieser Freundin widmete, sind daher auch ganz im Versmaaß und Ton jener ›Elegie‹ gedichtet und fügen sich dieser wie von selbst als versöhnender Ausgang.« (1. Dezember 1831) Über seine tiefe Enttäuschung, das Empfinden des Verlusts und die innere Unruhe, die damit verbunden war, halfen Goethe auch die musikalischen Erlebnisse dieser Tage hinweg, wie er in dem schon erwähnten Brief an Zelter

vom 24. August 1823 schreibt: »Nun aber doch eigentlich
das Wunderbarste! Die ungeheure Gewalt der Musik auf
mich in diesen Tagen! Die Stimme der Milter, das Klangrei-
che der Szymanowska, ja sogar, die öffentlichen Exhibitionen des hiesigen Jägercorps falten mich auseinander, wie
man eine geballte Faust freundlich flach läßt.« Als Trost
empfand er die Musik, ja als einen Genuß, »der wie alle
höhren Genüsse den Menschen aus und über sich selbst zugleich auch aus der Welt und über sie hinaus hebt«.

Etwa zwei Wochen später, am 4. September, traf er die
Pianistin und ihre Schwester noch einmal in Karlsbad. Im
selben Brief vom 24. August, in dem er dem Freund von der
Erschütterung durch den Gesang Madame Milders schreibt,
gibt Goethe eine rätselhaft anmutende Deutung des Spiels
der Maria Szymanowska: »In völlig anderem Sinne [als die
Sängerin Milder] und doch für mich von gleicher Wirkung,
hört ich Mad. Szymanowska, eine unglaubliche Pianospielerin; sie darf wohl neben unsern Hummel gesetzt werden nur
daß sie eine schöne liebenswürdige polnische Frau ist. Wenn
Hummel aufhört, so steht gleichsam ein Gnome da, der mit
Hülfe bedeutender Dämonen solche Wunder verrichtete,
für die man ihm kaum zu danken sich getraut; hört sie aber
auf und kommt und sieht einen an, so weiß man nicht ob
man sich nicht glücklich nennen soll daß sie aufgehört hat?
Begegne ihr freundlich wenn sie nach Berlin kommt, welches wohl nächstens geschehen wird, grüße sie von mir und
sei ihr behülflich wo du es angewendet findest.«

Im Herbst desselben Jahres, vom 25. Oktober bis zum
5. November, besuchten Maria Szymanowska und ihre
Schwester Weimar, wo sie fast täglich zu Gast im Haus am
Frauenplan waren. Nach Tisch spielte Frau Szymanowska
gelegentlich auf dem Piano. Am 27. Oktober fand bei Goethe ein Hauskonzert mit der Pianistin statt. Im Tagebuch ist
festgehalten: »Mittag Madame Szymanowska, Schwester

MARIA SZYMANOWSKA GEB. WOLOWSKA (1789–1831)

Lithographie von Borel nach Oleszkiewicz
Stiftung Weimarer Klassik

Klaviervirtuosin und Komponistin, die Goethe 1823
während seines Kuraufenthalts in Marienbad und Karlsbad
und danach in Weimar hörte.

und Bruder. Einiges für den Abend probirt und vorbereitet. Einrichtung der Zimmer zum Concerte. […] Die Gesellschaft kam nach und nach an. Madame Szymanowska spielte. Madame Eberwein sang, von Saiten- und Blasinstrumenten accompagnirt.« Kanzler von Müller erinnerte sich des Abends so: »Heute war Concert bei Goethe. Ein Quartett von der Composition des Prinzen Louis Ferdinand und gespielt von Mad. Szymanowska gab Goethen zu den interessantesten Bemerkungen Anlaß. Er faßte, wie wohl ganz schüchtern, den Gedanken, daß die Künstlerin ein öffentliches Concert geben sollte, und forderte Schmidt, Coudray und mich auf, es auf alle Weise zu befördern.« Acht Tage darauf, am 4. November, gab Frau Szymanowska einen großen öffentlichen Klavierabend, bevor sie einen Tag später die Stadt wieder verließ. Welche Begeisterung ihr Auftreten in Goethe ausgelöst hatte, bezeugt ein Brief vom 12. Dezember 1823 an Sulpiz Boisserée, den ihm längst vertraut gewordenen Kunstsammler aus Heidelberg: »Eine unvergleichliche Pianospielerin, Madame Szymanowska, deren anmuthige Gegenwart und unschätzbares Talent mir schon in Marienbad höchst erfreulich gewesen, kam gleich nach ihnen, und mein Haus war 14 Tage der Sammelplatz aller Musikfreunde, angelockt durch hohe Kunst und liebenswürdige Natur. Hof und Stadt, durch sie aufgeregt, lebte so fortan in Tönen und Freuden.« Als im August 1829 der Schwiegersohn Maria Szymanowskas, der polnische Romantiker Adam Mickiewicz, Goethe besuchte, gedachte dieser in einem Zweizeiler, den er dem Polen zusammen mit einer angeschriebenen Schreibfeder schenkte, noch einmal der Pianistin:

Mit einer angeschriebnen Feder

Dem Dichter widm' ich mich, der sich erprobt
Und unsre Freundin heiter-gründlich lobt.

Im Juli 1826 wurde die berühmte Sängerin Henriette Sontag in Weimar erwartet. Die 1806 in Koblenz geborene Sopranistin stammte aus einer Schauspielerfamilie und trat
schon im Alter von fünf Jahren in Kinderrollen auf. Nach
ihrer Ausbildung am Prager Konservatorium sang sie ab
1822 in Wien, u. a. bei den Uraufführungen der Missa solemnis und der 9. Symphonie Ludwig van Beethovens. In
der Rolle der Rosina in Rossinis »Barbier von Sevilla« am
3. August 1825 im Königstädtischen Theater in Berlin löste
sie eine Begeisterung sondergleichen aus – das »Sontagsfie-
ber«, wie die Berliner witzelten –, die zu einem Engagement
in der preußischen Hauptstadt führte. Sie sang mit Vorliebe
die großen Partien der neuen italienischen Belcanto-Opern
von Rossini und Donizetti, später auch von Bellini. Nach
großen Erfolgen in Berlin und an der Oper in Paris kam sie
1828 nach London. Nach ihrer Heirat mit dem Grafen Rossi
gab sie ihre Karriere zunächst auf. Finanzielle Schwierigkeiten zwangen sie 1849 wieder auf die Bühne. Im selben Jahr
starb sie während einer Mexiko-Tournee an der Cholera.

Im Sommer 1826 hatte sie ein Gastspiel in Paris gegeben
und angekündigt, daß sie auf der Rückreise nach Berlin
einen Zwischenaufenthalt in der thüringischen Residenz
machen und Goethe besuchen wolle. Zu ihrer Begrüßung
schrieb Goethe das folgende Gedicht:

An Demoiselle Sontag

Ging zum Pindus dich zu schildern;
Doch geschah's zu meiner Qual:
Unter neun Geschwister-Bildern
Wogte zweifelnd Wahl um Wahl.
Phöbus mahnt mich ab vom Streben.
Sie gehört zu unserm Reich;
Mag sie sich hierher begeben
Findet wohl sich der Vergleich.

Die Verse erreichten die Adressatin allerdings nicht. Ihr erfolgreicher Aufenthalt in Paris, wo die Sängerin begeistert gefeiert wurde, mußte verlängert werden, und der Besuch in Weimar verzögerte sich. Die Nachrichten waren wohl so vage, daß Goethe nicht mehr mit dem Besuch rechnete und resigniert am 3. August an Friedrich von Müller schrieb: »Demoiselle Sontag, auf die ich niemals viel gerechnet habe, zu lange in Paris aufgehalten, hat sich nur durchgeschlichen, um in Berlin zu rechter Zeit anzukommen. Mir ist es nach meiner Weise wirklich angenehm; denn was man nicht immer haben kann, soll man lieber ganz entbehren.« Einige Tage später äußerte er gegenüber Zelter schon wieder die Hoffnung, daß die Sängerin doch noch in Weimar eintreffen werde. Und am 12. August bemerkte er zu Zelter: »Eure Nachtigall flattert noch immer umher; sie ist, sagt man, an die See gezogen und wird erst Ende des Monats bei uns durchkommen, da wir denn hoffen dürfen sie gleichfalls zu bewundern.«

Erst einen Monat später, am 4. September 1826, traf Madame Sontag in Weimar ein und besuchte noch am Vormittag den Dichter in seinem Haus am Frauenplan. Am Abend sang sie die Partie der Rosina in Rossinis »Barbier von Sevilla«. Nach der Vorstellung kehrte sie in Goethes Haus zurück, wo eine kleine Gesellschaft zum Abendessen versammelt war, Hofkapellmeister Hummel spielte Klavier und akkompagnierte dann wohl auch ihren Gesang. Das Tagebuch hält die Ereignisse in der üblichen lakonischen Kürze fest: »Demoiselle Sontag mit Begleiterin. [...] Um 6 Uhr mit den Enkeln in's Schauspielhaus. Demoiselle Sontag sang unvergleichlich. Nach dem Schauspiel Herr und Frau Capellmeister Hummel, Dr. Vogel. Mein Sohn vom Hofball zurück. Capellmeister Hummel spielte ganz fürtrefflich. Demoiselle Sontag kam später. Um Mitternacht ging man auseinander.«

Obwohl Goethe die Sängerin und ihren Vortrag »unvergleichlich« nannte, äußerte er sich gegenüber Zelter auch kritisch, zumal die Kürze des Gastspiels ein tiefergehendes Verständnis verhinderte. Am 6. September schrieb er an Zelter: »Daß Demoiselle Sonntag nun auch Klang- und Tonspendend bei uns vorüber gegangen macht auf jeden Fall Epoche. Jedermann sagt freilich, dergleichen müsse man oft hören. […] Und ich auch. Denn eigentlich sollte man sie doch erst als Individuum fassen und begreifen, sie im Elemente der Zeit erkennen, sich ihr assimilieren, sich an sie gewöhnen, dann müßte es ein lieblicher Genuß bleiben. So aus dem Stegreife hat mich das Talent mehr verwirrt als ergötzt. Das Gute das ohne Wiederkehr vorüber geht hinterläßt einen Eindruck der sich der Leere vergleicht, sich wie ein Mangel empfindet.«

Ein weiterer Kurzbesuch, wieder auf der Durchreise, erfolgte ein Jahr später, am 12. November 1827: »Anmeldung der Demoiselle Sonntag. Vorbereitung dazu. Dieselbe kam nach 1 Uhr und gab einige sehr anmuthige Gesänge.« Bei diesem kleinen Konzert im Hause Goethes wurde sie wahrscheinlich wieder von Hummel auf dem Klavier begleitet. Auch an der Sontag begeisterte Goethe trotz eines gewissen Zwiespalts nicht allein die Stimme. In einem Gespräch am 23. August 1827, das der Weimarer Kanzler Friedrich von Müller festgehalten hat, würdigte er ihre Persönlichkeit und ihre äußere Erscheinung: »Das Gespräch kam auf die Sängerin Sonntag und nahm die heiterste und humoristischste Wendung. Er sprach von seinem Gedicht auf sie, das ihr noch verborgen, nur durch ein zweites könne es producibel werden. Sie besitze ein wahrhaft characteristisches Profil, eigensinnige Selbstständigkeit und grandiose Festhaltung an Ideen ausdrückend, fast Proserpinenartig; aber nur einmal, bei einer raschen Wendung des Gesichts, als sie etwas widersprechen zu müssen glaubte, sei dieses Profil hervor-

getreten. ›Und gerade deßhalb achte und liebe ich sie‹, versicherte er, ›nicht der sentimentalen oder graziös-naiven
Mienen wegen, die sie sich antrillirt.‹« Wieder ein Jahr später erhielt Goethe eine von dem Bildhauer L. W. Wichmann
gefertigte Büste der Sopranistin als Geschenk.

Der Berliner Generalmusikdirektor und berühmte Opern-
komponist Gasparo Luigi Pacifico Spontini (1774–1851, seit
1820 in Berlin) besuchte den Dichter am 4. Juli 1825. Ge-
sprächsthema des kurzen Zusammentreffens war vermutlich die Berliner Oper, von deren Arbeit ihm immer wieder
Zelter berichtet hatte. Als Spontini im Juni 1830 auf der
Durchreise ein zweites Mal in Weimar Station machte,
brachte er eine Vertonung von Mignons Lied »Kennst du
das Land« mit. Bei seinem dritten Besuch am 31. März 1831
stand, wie Friedrich von Müller berichtete, Spontinis neue
Oper »Die Athenerinnen« im Mittelpunkt des Gesprächs:
»Spontini auf seiner Rückreise von Paris. Er gefiel mir sehr
wohl als feiner, lebendiger Mann; jetzt beschäftigt ihn die
Composition einer von Jouy gedichteten Oper ›Les Athé-
niennes‹, deren Motive Goethe sehr lobte.« Der Komponist
schickte nach diesem Besuch das Textbuch der Oper nach
Weimar, das ihm der Dichter mit einigen unverbindlichen
Verbesserungsvorschlägen am 20. Februar 1832 zurück-
sandte: »Das mir geneigtest anvertraute Manuscript dankbar zurücksendend, kann ich nichts weiter hinzufügen als:
daß ich den beiden trefflichen Männern, dem Dichter sowohl als dem Componisten, Glück wünsche zu einer so
günstigen Unterlage, welche, poetisch und theatralisch vorzüglich behandelt, die beste Gelegenheit gibt, ein Ganzes
durch Musik zu verherrlichen.«

Im April 1829 gab der italienische Geigenvirtuose Niccolò Paganini in Berlin mehrere Konzerte. Dem Violinisten,
der im Jahr davor mit großem Erfolg in Wien aufgetreten
war, ging ein etwas zweifelhafter Ruf voraus. Seine vielen

Liebschaften erregten Aufsehen, er galt als geldgierig und geizig, und seine Auftritte wurden als schauerlich und bizarr bezeichnet. In der glänzenden Prosa seiner »Florentinischen Nächte«, die ein tiefgründiges Porträt des Geigers enthalten, schildert Heinrich Heine dessen Auftreten: »Endlich aber auf der Bühne, kam eine dunkle Gestalt zum Vorschein, die der Unterwelt entstiegen zu sein schien. Das war Paganini in seiner schwarzen Gala. Der schwarze Frack und die schwarze Weste von einem entsetzlichen Zuschnitt, wie er vielleicht am Hofe Proserpinens von der höllischen Etikette vorgeschrieben ist. Die schwarze Hose ängstlich schlotternd um die dünnen Beine. Die langen Arme schienen noch verlängert, indem er in der einen Hand die Violine und in der anderen den Bogen gesenkt hielt und damit fast die Erde berührte, als er vor dem Publikum seine unerhörten Verbeugungen auskramte.« Seine düstere Gestalt und die Inszenierung seiner Auftritte beeindruckten überall die Zuschauer und gaben zu allerlei Spekulationen über seine zweifelhafte Herkunft, sein wildes Leben und seinen Reichtum Anlaß, »aber«, so heißt es bei Heine weiter, »alle dergleichen Gedanken mußten stracks verstummen, als der wunderbare Meister seine Violine ans Kinn setzte und zu spielen begann«. Wo er spielte, zog er die Zuhörer in seinen Bann, und die Begeisterung war grenzenlos.

Zelter, der Paganini bisher nur vom Hörensagen kannte, machte sich die kursierenden Gerüchte zu eigen und gab sie in einem Brief vom 18. April 1829 ganz unverblümt an Goethe weiter: »Paganini macht hier mit seinen vermaledeiten Violinkonzerten Männer und Weiber toll und wird wohl wieder 10000 Taler mit aus Berlin nehmen wenn er sie nicht vorher im Pharao [ein Glücksspiel] wieder verliert. Ich habe kein Geld ihm für seine Künste jedesmal 2 Taler zu bringen und nichts von ihm gehört als sein Porträt gesehn das einem Hexensohne ähnlich ist. Das eigentliche Unglück das er über uns bringt besteht aber darinne daß er uns die jungen Violinisten im Orchester von Grund aus ruiniert.« Zelters Urteil bzw. Vorurteil änderte sich erst, als er den Künstler persönlich kennengelernt und ihn Ende April 1829 in einem Konzert erlebt hatte. Seine anfängliche Skepsis schlug nun in zustimmende, wenn auch kritische Begeisterung um. Am 1. Mai gab er seinem Weimarer Freund eine ausführliche Schilderung des Konzerts: »Am vorigen Dienstage hat mich Paganini in der Akademie besucht und unsere Produktionen vernommen und Tags darauf habe ich endlich auch ihn gehört. Es ist außerordentlich was der Mann leistet und dabei bemerkt werden muß daß die Wirkung seines Spiels ganz allgemein erwünscht und andern Virtuosen auf seinem Instrumente ganz unbegreiflich ist. Sein Wesen ist also mehr als Musik ohne höhere Musik zu sein und bei solcher Meinung dürfte ich bleiben wenn ich ihn öfter hörte. Ich war so placiert daß ich alle Bewegungen seiner Hand und seines Armes sehn konnte die bei einer ziemlich kleinen Figur von besonderer Biegsamkeit, Stärke und Elastizität sein müssen weil er gar nicht ermüdet das Fatiguanteste [Langweiligste] in seiner Steigerung wie ein Uhrwerk hervorzubringen das eine Seele hätte. Die hundert Künste seines Bogens und seiner Finger welche sämtlich einzeln ausgedacht und eingeübt sind erscheinen in einer geschmackvollen Folgereihe und zeichnen ihn auch als Komponisten aus. In jedem Falle aber ist er ein vollkommener Meister seines Instruments in höchster Potenz insofern was ihm auch nach bestem Willen nicht gelingt, wie eine kecke Variation herauskommt.« Am 14. Mai hörte Zelter ihn noch einmal und erzänzte: »Der Mensch ist eine echte Rarität: die Violine selber. Man erschrickt, man lacht, man ist in Verzweiflung über die gefährlichsten Schnurrpfeifereien und die allgemein verständliche Schwierigkeit, denn die Wirkung ist ganz allgemein. Anmut und Geist fehlen auch nicht und auch was nicht vollkommen gelingt ist noch neu und interessant.« In seinem Antwortbrief bedankte sich Goethe für die Schilderungen der ganz eigentümlichen Wirkung des italienischen Virtuosen, die es ihm ermöglichte, sich zusammen mit dem, was er in der Berliner Zeitung gelesen hatte, ein Bild dieses außergewöhnlichen Künstlers zu machen.

Der 1782 in Genua geborene Paganini kann tatsächlich als Ausnahmekünstler gelten. Er wurde zunächst von seinem ehrgeizigen Vater, einem Lastenträger im Hafen von Genua, im Spiel auf der Mandoline und der Gitarre unterrichtet und nahm bald auch außer Haus Violinunterricht. Im Alter von neun Jahren gab er sein erstes Konzert. Seine weitere musikalische Ausbildung erhielt er in Parma bei den Opernkomponisten Alessandro Rolla und Fernando Paër; letzterer erteilte ihm vor allem Kompositionsunterricht. Ab 1797 führten ihn mehrere Konzertreisen durch die Lombardei. Sein Wirken zwischen 1800 und 1805 liegt ganz im dunkeln. Auf Grund verschiedener Hinweise vermutet man, daß er während dieser Zeit im Gefängnis saß. Von 1805 bis 1813 lebte er in Lucca als Soloviolinist, Kapellmeister und, so wird behauptet, Geliebter der Fürstin Elisa Bacciocchi von Lucca, einer Schwester Napoleons. Weitere Stationen waren Florenz und Mailand, bevor er sich 1828 auf ausgedehnte Konzertreisen durch Europa begab. Sie führten ihn zunächst nach Wien, von dort nach Berlin, dann in die großen und mittleren Städte und Residenzen Deutschlands, 1831 nach Paris und London, nach Schottland und Irland. Seine Konzerte, denen die Zuhörer überall begeistert zuströmten, waren durch frenetischen Beifall und hohe Honorare gekennzeichnet. Er starb 1840 in Nizza.

Nach seinem längeren Gastspiel in Berlin, das etwa zehn Konzerte umfaßte, reiste Niccolò Paganini weiter durch Deutschland und gab in vielen Orten Konzerte. Begleitet wurde er von seinem kleinen Sohn Achille. Ende September

1829 kam er spätabends in Weimar an, um hier zu übernach-
ten. Trotz der späten Stunde versäumte er nicht, den
berühmten Dichter und Weltmann aufzusuchen. Im Tagebuch für den 29. September ist vermerkt: »Ferner Abends
spät Herr Paganini mit einem Begleiter und kleinen Knaben. Eine wundersame Erscheinung für den Augenblick. In
Absicht wiederzukehren.« Paganinis Konzert in Weimar
fand einen Monat später am 30. Oktober statt. Wahrscheinlich spielte er vor allem eigene Werke, mit denen er seine
überragende virtuose Technik zur Geltung bringen konnte.
Unter dem Eindruck des Gehörten und Gesehenen schreibt
Goethe am 9. November an Zelter: »Paganini hab ich denn
auch gehört und sogleich an denselben Abend Deinen Brief
[gemeint ist Zelters Brief vom 1.–5. Mai 1829] aufgeschla-
gen, wodurch ich mir denn einbilden konnte etwas Ver-
nünftiges über diese Wunderlichkeiten zu denken. Mir
fehlte zu dem was man Genuß nennt, und was bei mir
immer zwischen Sinnlichkeit und Verstand schwebt, eine
Basis zu dieser Flammen- und Wolkensäule.« Goethe war
von der Erscheinung und dem Spiel Paganinis in einer Weise
verwirrt, daß er sich nur mit dem alttestamentarischen Bild
von der »Flammen- und Wolkensäule« zu helfen wußte.
In diesem Musiker sah er etwas Dämonisches am Werk, das
er am 2. März 1831 gegenüber Eckermann als »durchaus
positive Tatkraft« charakterisierte. »Unter den Künstlern
[…] findet es sich mehr bei Musikern, weniger bei Malern.
Bei Paganini zeigt es sich im hohen Grade, wodurch er denn
auch so große Wirkungen hervorbringt.« Erst als Goethe
im Juni desselben Jahres durch den Aufsatz eines Pariser
Arztes, der Paganini gekannt und über mehrere Jahre behandelt hatte, eine in der körperlichen Konstitution des
Geigers und in der Proportion seiner Gliedmaßen begrün-
dete Erklärung für »dieses merkwürdigen Mannes musikalisches Talent« bekam, wurden ihm Persönlichkeit und

Auftreten dieses außergewöhnlichen Künstlers verständlicher.

Von dem Besuch noch einer Musikerin in den letzten Lebensmonaten Goethes ist zu berichten. Am 1. Oktober 1831 hörte der greise Goethe eine junge vielversprechende Pianistin. Die zwölfjährige Clara Wieck spielte auf einer Konzertreise auch in Weimar vor. Er notierte in seinem Tagebuch: »Ein sehr geschicktes Frauenzimmerchen, Pianoforte spielend, von ihrem Vater angeführt, hatte sich bei mir hören lassen. Es waren neuere Pariser Kompositionen, große Fertigkeit des Vortrags verlangend, aber immer heiter, so daß man gerne folgte.« Friedrich Wieck und seine schon höchst virtuose Tochter blieben einige Tage in Weimar, wo sie am 9. Oktober ein weiteres Konzert gaben: »Um 12 Uhr Concert. Clara Wieck, ihr Vater und ein Violinspieler, ließen sich hören, einzeln und zusammen.« Am Tage vorher hatten sich Vater und Tochter noch einmal bei Goethe eingestellt, und Clara ließ einige Kostproben ihrer Kunst hören. Friedrich Wieck hat später von dieser Begegnung berichtet: »Am Sonnabend [8. Oktober] Mittag 12 Uhr hatten wir eine Audienz bei Goethe, wo Clara zweimal gespielt. Was Goethe alles mit ihr gesprochen, wie er Clara aufgenommen, ihr selbst ein Kissen aus dem Vorsaal geholt und auf den Stuhl untergelegt, ja, sogar sagte: ›Clara's Spiel macht die Composition vergessen!‹ alles dies ausführlich mündlich.« Einige Tage danach erhielt Goethe von dem Weimarer Baudirektor Coudray noch einige nähere Informationen über das Wunderkind und seinen Vater. Auf dem Programm von Clara Wieck standen wohl vor allem Kompositionen von Frédéric Chopin, was auch ihre eigenen Aufzeichnungen für das Jahr 1831 nahelegen: »Chopin-Variationen op. 2 (›La ci darem la mano‹), welche ich in acht Tagen einstudierte, ist das schwerste Musikstück, was ich bis jetzt gesehen und gespielt habe. […] In meinem nächsten Concert, das ich gebe, hier [?]

oder in Berlin, oder anderswo, werde ich sie zum erstenmal öffentlich vortragen.« Die Pianistin und spätere Frau Robert Schumanns stand in dieser Zeit am Anfang ihrer großen Karriere als Klaviervirtuosin und vielversprechende Komponistin. Ihre großen Erfolge auf beiden Gebieten hat Goethe nicht mehr erlebt.

Goethe und die Oper

Am Nachmittag des 6. Mai 1774 stand das an der Ilm gelegene Weimarer Schloß, die Wilhelmsburg, wie sie genannt wurde, in Flammen. Das verheerende Feuer war um die Mittagszeit im Küchentrakt ausgebrochen, wahrscheinlich aus Unachtsamkeit, und hatte sich rasch von Raum zu Raum, von Stockwerk zu Stockwerk verbreitet. Die Möbel, die Fußböden, die Verkleidung der Wände, die zahlreichen Bilder und kostbaren, in Jahrzehnten zusammengetragenen Sammlungen, Bücher und Akten, die Vorräte, alles wurde ein Raub der Flammen. Menschen kamen bei diesem Inferno nicht zu Schaden. Die sich im Schloß aufgehalten hatten, waren rechtzeitig aus dem weitläufigen Gebäudekomplex geflohen. Nur die steinernen Mauern konnten der Feuersbrunst widerstehen. Die Balken der Dächer durchschlugen überall Decken und Fußböden und verwandelten das Schloß mit seinen zahlreichen Räumen, das Theater und die Kirche in Ruinen. Der von dem venezianischen Baumeister Girolamo Sartorio errichtete Theater- und Opernsaal im Ostflügel des Schlosses war im Oktober 1697 eingeweiht worden. Verglichen mit den Schloßtheatern in den meisten kleineren Residenzen, war er mehr als komfortabel gewesen. Er verfügte über eine Bühne, die mit den notwendigen Maschinen ausgestattet war, und bot etwa hundert Zuschauern Platz. Vor der Bühne befand sich ein kleiner Orchestergraben, in dem zweiundzwanzig Instrumentalisten musizieren konnten. Ein solcher Raum bot günstige Voraussetzungen für einen lebendigen und vielseitigen

Theaterbetrieb, zu dem die regelmäßige Aufführung von
Opern gehörte.

In den ersten Jahren nach seiner Fertigstellung boten
durchreisende Theatergruppen ihre Programme dar, vorwiegend aktuelles Sprechtheater unterhaltender Art, aber
natürlich auch kleine Opern und Singspiele, wie sie damals
Mode waren. Auf Initiative der Regentin, der Herzoginmutter Anna Amalia, wurden ab 1756 solche Wandertrup-
pen jeweils für mehrere Spielzeiten engagiert, was eine gewisse künstlerische Kontinuität gewährleistete. Ab 1771 bis
zum Schloßbrand war es die Seylersche Theatertruppe, die
man verpflichtet hatte. Als nach der Katastrophe keine
Spielstätte mehr zur Verfügung stand, zog die Truppe nach
Gotha. Zu ihr gehörte der Schauspieler Conrad Ekhof, der
Begründer einer professionellen Schauspielkunst in Deutschland. Während bis in die Mitte des 18. Jahrhunderts das
Theater fast überall vom Spiel angelernter Dilettanten oder
geschickter Naturtalente lebte, vollzog sich u. a. durch Ek-
hofs Bemühungen ein allmählicher Wandel.

Goethe hatte den Schauspieler schon in seiner Frankfurter
Zeit auf der Bühne erlebt und zu ihm Kontakt aufgenommen, den er in Weimar fortsetzte. Ekhof spielte gelegentlich in Aufführungen des nach dem Brand entstandenen
Liebhabertheaters mit. So stand er, wie für den 13. Januar
1778 belegt ist, zusammen mit Goethe in einer Aufführung
der Komödie »Die Westindier« von Richard Cumberland
auf der Bühne. In »Dichtung und Wahrheit« charakterisierte ihn Goethe als eine »edle Persönlichkeit, die dem
Schauspielerstand eine gewisse Würde mitteilte, deren er
bisher entbehrte«. An Ekhof wurde vor allem die Fähigkeit
gerühmt, durch seine Darstellung Rollen aus dem mittleren
und unteren Stand in den eher volkstümlichen Stücken
Wert und Bedeutung zu verleihen. Er hob, so schrieb Goethe weiter, »die ersten Figuren solcher Stücke ungemein, in-

dem der Ausdruck von Rechtlichkeit ihm, als einem rechtlichen Mann, vollkommen gelang«.

Als Goethe in den Weimarer Kreis trat, das Liebhabertheater der Herzoginmutter und die Operngastspiele durchreisender Theatergruppen kennenlernte und dort tüchtig mitwirkte, verfügte er bereits über einige Erfahrungen mit Oper und Singspiel. Aus seiner Jugendzeit in Frankfurt war er mit der französischen Opéra comique vertraut, aber auch mit den ersten Singspielen des Offenbacher Komponisten Johann André. Mit ihm zusammen besuchte er die Vorstellungen der Theatergruppe von Theobald Marchand. In »Dichtung und Wahrheit« schilderte er einen solchen Opernbesuch: »Marchand war ein schöner groß und wohlgestalteter Mann in den schönsten Jahren, das Behagliche, Weichliche erschien bei ihm vorwaltend; seine Gegenwart auf dem Theater war daher angenehm genug. Er mochte soviel Stimme haben als man damals zu Ausführung musikalischer Werke wohl allenfalls bedurfte, deshalb er denn die kleineren und größern Opern herüber zu bequemen bemüht war. Der Vater in der Gretyschen Oper: Die Schöne bei dem Ungeheuer, gelang ihm besonders wohl, wo er sich in der hinter dem Flor veranstalteten Vision gar ausdrücklich zu gebärden wußte.« Bei dieser Oper handelte es sich um »La belle et la bête«, manchmal auch unter dem Titel »Zémir et Azor« aufgeführt, von André Ernest Modeste Grétry, die Goethe im Mai 1778 während seiner Reise nach Berlin bei einem Aufenthalt in Leipzig noch einmal hörte.

In Leipzig, wo er die Singspiele norddeutscher Prägung, vor allem die von Johann Adam Hiller, kennenlernte, besuchte er regelmäßig das neue Theater auf der Ranstädter Bastei und knüpfte Verbindungen zu Schauspielern und Sängerinnen. Der gefeierten Sängerin Gertrud Elisabeth Schmehling, nach ihrer Verheiratung als Gertrud Mara bekannt, hatte der Student Goethe »als ein erregbares Studentchen [...] wütend applaudiert«, wie er sich noch 1831 in einem Brief an Zelter erinnerte. Hier hatte er auch Corona Schröter erlebt und mit Versen verehrt. Er schätzte die Sängerin und Schauspielerin, die, »ob sie gleich mit jener [Schmehling] es nicht an Stimme und Talent aufnehmen konnte, wegen ihrer schönen Gestalt, ihres vollkommen sittlichen Betragens und ihres ernsten anmutigen Vortrags, eine allgemeine Empfindung erregt«. Auch an die Schauspielerin Catharina Caroline Schulze erinnerte sich Goethe lebhaft, als er 1811 seinen kleinen Aufsatz zum »Leipziger Theater« schrieb: »Sie war nicht groß, aber nett, schöne schwarze Augen u Haare; ihre Bewegungen und Rezitation vielleicht zu scharf, aber doch durch die Anmut der Jugend gemildert.« Von den Darstellerinnen und Darstellern, die, wenn sie nicht an einem Hoftheater engagiert waren, einer reisenden Theatergruppe angehörten, wurde in der Regel erwartet, daß sie auch in den kleinen Opern und Singspielen Gesangsrollen übernahmen.

Was fand der opern- und singspielerfahrene junge Goethe in Weimar vor, als er dort im November 1775 eintraf? Nach dem Brand des Schlosses und dem Verlust der Spielmöglichkeiten war es mit der kurzen Blüte des Weimarer Theaters schon wieder vorbei. Es begann die Zeit besagten Liebhabertheaters, an dessen Aufbau sich Goethe durch anregende Ideen, durch praktische Mitwirkung und vor allem durch die Produktion von Texten vielfach beteiligte. Mit Dilettanten vom Hofe und aus der Bürgerschaft, aber auch mit Unterstützung professioneller Darsteller entwickelte sich ein munteres Theatertreiben. Zu Komödien, Lustspielen und Farcen gesellten sich kleine Opern und Singspiele, deren Musik meistens aus dem Umkreis von Anna Amalias Musenhof, wenn nicht von ihr selbst stammte. Größere Opern hingegen wurden von Tourneetheatern aufgeführt, die in den Musikern der Hofkapelle tatkräftige Unterstützung fanden. Auch an diesen Vorstellungen nahm Goethe regen Anteil, sicherlich vor allem als Zuhörer, oft aber auch mitwirkend oder als Berater eingreifend.

Natürlich konnte das Liebhabertheater nur eine Übergangslösung sein und die Inszenierungen anspruchsvoller Singspiele und größerer Opern durch erfahrene Darsteller und Musikanten nicht ersetzen. Seit 1779 besserten sich die räumlichen Voraussetzungen für das Theater wieder etwas. Der Weimarer Fuhrunternehmer und Gastwirt Anton Georg Hauptmann hatte im Eichmannschen Garten an der Esplanade, dem heutigen Theaterplatz, ein neues Haus gebaut, das für Bälle, Festveranstaltungen und Theateraufführungen vorgesehen war. Dieses Komödienhaus, wie es bald hieß, wurde zunächst von den Dilettanten um Anna Amalia genutzt. Im Oktober 1783 gastierte hier eine reisende Operabuffa-Gesellschaft unter ihrem Prinzipal Bussoni mit sieben Vorstellungen. Doch auch das war noch ein Teil des herrschenden Provisoriums. Erst zwei Monate später, im Dezember 1783, änderte sich die Situation grundlegend. Zu Gast war die aus Dresden stammende »Deutsche Schauspieler-Gesellschaft« des Joseph Bellomo. Die Truppe gefiel und wurde deshalb vertraglich an Weimar gebunden. Sie spielte vom 1. Januar 1784 bis zum 5. April 1791 im Komödienhaus gegen einen monatlichen Zuschuß aus der herzoglichen Schatulle, allerdings ohne den Rang eines Hoftheaters. In dem Vertrag waren wöchentlich drei öffentliche Vorstellungen vorgesehen, zu denen die Hofgesellschaft freien Zutritt hatte. Der Schwerpunkt des Programms lag auf zeitgenössischen leichten Komödien und Schauspielen.

Zum Spielplan Bellomos gehörten natürlich auch Opern. Da die musikalischen Möglichkeiten seiner Truppe begrenzt waren, unterstützte sie die Weimarer Hofkapelle. Tagebücher und Briefe Goethes nennen für die Weimarer Jahre bis zu seinem Italienaufenthalt die Opern »Il matrimonio segreto« (Die heimliche Ehe) von Domenico Cimarosa am 16. September 1776, »La Locandiera« (Die Gastwirtin) am 8. Januar und 15. Februar 1777 und »La Scuola di Gelosi« (Die Schule der Eifersüchtigen) am 28. August 1784 von Antonio Salieri sowie »I tre fanciulli« (Die drei Kindsköpfe) von Johann Adolf Hasse am 17. und am 22. April 1778. Hinzu kamen Opernkomponisten wie Nicola Piccini, Pasquale Anfossi, Giovanni Paisiello und Vincente Martin y Solar, was darauf hinweist, daß Goethe schon vor seiner Italienreise reichlich Gelegenheit hatte, die italienische Opera buffa kennenzulernen. Die französische Opéra comique war mit Werken von André Ernest Modeste Grétry und Pierre Alexandre Monsigny vertreten. Neben Singspielen von Anton Schweitzer und Karl Ditters von Dittersdorf standen auf Bellomos Spielplan bereits große Opern von Christoph Willibald Gluck und Wolfgang Amadeus Mozart, von dem Goethe am 5. April 1785 das über den Rahmen des bis dahin Üblichen hinausgehende Singspiel »Die Entführung aus dem Serail« hörte. Joseph Bellomo war zudem vertraglich verpflichtet, in den Sommermonaten in dem beliebten Badeort Lauchstädt unweit von Halle zu spielen. Von all diesen Vorstellungen hat Goethe wohl am meisten Cimarosas Oper »Die heimliche Ehe« beeindruckt, die er auch während seines Italienaufenthalts und später noch mehrmals in Weimar gehört hat und die er immer wieder lobte. Er, der sich so sehr um das Singspiel bemüht und mit einer Reihe eigener Stücke dieses Genre bereichert hatte, ließ sich immer stärker von der heiteren italienischen Oper faszinieren. Einen Eindruck von seiner Begeisterung gibt der Brief an Charlotte von Stein vom 29. August 1784. In Braunschweig hatte er die Oper besucht, und er schrieb an seine Freundin in Weimar: »L'Opera d'hier etoit charmant, et bien executé, c'etoit la Scuola de Gelosi, Musique de Salieri, opera favori du public, et le public a raison. Il y a une richesse, une varieté etonnantes, et le tout est traité avec un gout tres delicat. Mon coeur t'appelloit a chaque air, surtout au finales et au quintets qui sont admirables. Je t'enverrai le Texte, il t'amusera peutetre, quoique ce ne soit que le scelete d'un tres beau corps.«[*]

Goethe war am 7. August 1784 mit seinem Herzog und Freund in politischer Mission nach Braunschweig gereist. Im Reiche gärte es. Der in Wien residierende Kaiser Joseph II. hatte für sein Haus Habsburg Expansionspläne. Um diese abzuwehren, hatten die kleinen und mittleren Höfe in Deutschland ein geheimes Fürstenbündnis gegründet, dessen politisches Ziel der Erhalt des Status quo in Mitteleuropa war. In diesem Sinne fanden während des ganzen Monats August in Braunschweig diplomatische Verhandlungen statt. Carl August, der sich in dieser Angelegenheit besonders engagiert hatte, bat Goethe, als sein Geheimsekretär an den Verhandlungen teilzunehmen. Der Dichter folgte diesem Auftrag nur widerwillig, Diplomatie war seine Sache nicht. Während seines Aufenthalts in Braunschweig besuchte Goethe einige Male das Theater, wo er sich kleine Spielopern oder Singspiele – Operetten, wie sie auch genannt wurden – im Stil der italienischen Opera buffa ansah. Ende 1784 schrieb er an den Komponisten Kayser, dem er die Partituren einiger der in Braunschweig gehörten Opern, insbesondere die von »Fra i due litiganti«, zusenden und mit dem er seine eigenen diesbezüglichen Pläne realisieren wollte:

---

[*] Die Oper gestern war reizend und gut dargeboten, man gab »La Scuola de Gelosi«, Musik von Salieri, eine Lieblingsoper des Publikums, und das Publikum hat Verstand. Viel Pracht und eine erstaunliche Mannigfaltigkeit, und das Ganze ist mit einem sehr feinen Geschmack behandelt. Mein Herz dachte an dich bei jeder Arie, vor allem beim Finale und bei den Quintetten, die wunderbar sind. Ich werde dir den Text schicken, er wird dich vielleicht unterhalten, wenn der auch nur das Skelett eines sehr schönen Körpers ist.

»Ich wünsche gar sehr daß wir einmal etwas zusammen arbeiten könnten und eben deswegen werde ich mich eilen wo
möglich die kleine Oper fertig zu machen, nicht daß Sie gerade diese komponiren sollen; sondern nur damit wir sehen
in wie fern wir in Geschmack und Grundsätzen überein-
stimmen.« Bei der erwähnten Oper handelte es sich um
»Fra i due litiganti il terzo gode« (»Wenn zwei sich streiten,
freut sich der Dritte«) von Guiseppe Sarti nach einem Text
von Carlo Goldoni, eine damals außerordentlich populäre
und beliebte Spieloper. Mozart zitierte daraus eine Arie
(»Come un agnello«) in seinem »Don Giovanni«.

Singspiele im norddeutschen Stil, die französische Opéra
comique und die neuaufkommende Opera buffa der Italie-
ner, die sich von den süddeutschen Höfen mehr und mehr
nach Norden ausbreitete, hatte Goethe in Frankfurt, in
Leipzig und in den ersten Weimarer Jahren gehört. Dabei
nahm er nicht nur als interessierter Zuhörer, sondern auch
als Verfasser von Texten am zeitgenössischen Musikbetrieb
teil. Die Erfahrungen, die er dann in Italien mit der Oper
machte, waren, auch was seine eigenen schriftstellerischen
Ambitionen betraf, in jeder Hinsicht zwiespältig. Seine
Opernbesuche in Venedig, Rom und Neapel enttäuschten
ihn zunächst eher, als daß sie seine Erwartungen erfüllten.
Statt Anregungen für seine eigenen Libretti-Produktionen
bekam er nur Mittelmäßiges vorgesetzt. Die aus dem Barock überkommene traditionelle große Oper, die Opera seria, war in eine künstlerische Sackgasse geraten und Ansätze
zu neuen Entwicklungen nicht in Sicht. Aber auch die
Buffo-Oper enttäuschte ihn zunächst. Am 6. Februar 1787
schilderte er Freund Kayser in Zürich seine diesbezüglichen
Erfahrungen: »Das Theater erbaut mich wenig, in Rom, ich
besuche es fast gar nicht. Die große Oper ist ein Ungeheuer
ohne Lebenskraft und Saft. Die Ballette sind noch das un-
terhaltendste, die Opera Buffa hat auch die erwünschte

Runde und Vollkommenheit nicht, es ist alles Stück und Flickwerck. Ein neues Trauerspiel haben sie gut ausgeführt, und einige Commoedien habe ich mit Vergnügen gesehen. Ich kann nicht sagen, daß ich in dieser Kunst hier viel gelernt hätte.«

Als nachhaltigster Eindruck seiner vielen Theater- und Opernbesuche in Italien erwies sich schließlich doch die heitere italienische Oper, die Opera buffa. Charlotte von Stein erhielt am 25. Mai 1787 folgende beschwingte Mitteilung: »Eine gute neue komische Oper von Cimarosa habe ich vorgestern gehört, und gestern hat mich der wahre Pulcinell (das heist der lebendige und originale) aufs beste unterhalten, ich habe zwey drey Stunden in einem fort gelacht.« Die Opera buffa meinte Goethe auch, als er in den »Tag- und Jahres-Heften« schrieb: »In die eigentliche Italiänische Opernform und ihre Vorteile hatte ich mich, bei meinem Aufenthalte in dem musikalischen Lande, recht eingedacht und eingeübt.« Diese Form der italienischen Oper gab den Maßstab ab für die in Italien vollzogene Umarbeitung der beiden Singspiele »Erwin und Elmire« und »Claudine von Villa Bella« von der Prosa- in eine Versfassung, gewissermaßen als Voraussetzung für eine Vertonung in dem von ihm als erfolgversprechend eingeschätzten italienischen Stil, dem Stil der Opera buffa. Doch alle diese Bemühungen, eine deutsche Oper im italienischen Stil zu schaffen, scheiterten an dem Unvermögen der beteiligten Komponisten. Die Lösung kam schließlich aus Wien, von Mozart.

Singspiel und Opera buffa bestimmten auch nach der Italienreise weitgehend Goethes Geschmack und seine Vorlieben, wenn es um das Musiktheater ging. Erst allmählich fand er auch einen Zugang zu der großen Oper neuen Stils, mit der es gelang, die ins Stocken geratene Entwicklung der Opera seria weiterzuführen. Das zeigte sich auch am Re-

pertoire des Weimarer Hoftheaters während der Intendanz
Goethes von 1791 bis 1817.

Christian August Vulpius, der Bruder Christianes, überbrachte der Weimarer Öffentlichkeit im April 1791 die über-
raschende Nachricht, daß »in Weimar ein Hoftheater errichtet worden, welches unter der Oberaufsicht des Herrn
Geheimen Rath von Goethe steht, und daß sich unter diesen
Umständen etwas mehr für Kunst und Kunstgefühl erwarten lasse als unter der Impresa eines wirklich preßhaften Direktors einer wandernden Schauspielertruppe«. Die wachsende Unzufriedenheit mit dem künstlerischen Niveau der
Bellomo-Truppe hatte zu Unstimmigkeiten und schließlich
Ende 1790 zur Auflösung des Vertrages geführt. Am 5. April
1791 verabschiedete sich Bellomo mit einer letzten Vorstellung. Einen Monat später, am 7. Mai, wurde der Spielbetrieb
mit einem Prolog Goethes und dem Schauspiel »Die Jäger«
von August Wilhelm Iffland wiedereröffnet. Carl August
hatte sich in den Monaten davor nach einem neuen Theater-
direktor umgesehen, um dem »Schlendrian« Bellomos ein
Ende zu setzen. Er entschloß sich dann, wohl nicht ganz un-
beeinflußt von Goethe, ein Herzogliches Hoftheater mit
einer neuen Leitungsstruktur zu gründen. Künftig sollte die
gesamte Theaterleitung nicht mehr in den Händen eines al-
leinverantwortlichen Direktors liegen. Seine Aufgaben wurden am 17. Januar 1791 einer »Oberdirektion« übertragen,
deren Chef und künstlerischer Leiter des Hoftheaters, also
Intendant im heutigen Sinne, der Geheime Rat Goethe
wurde. Ihm zur Seite stand der Hofbeamte Franz Kirms als
Verwaltungschef. Beiden zugeordnet waren der Hofkapellmeister – zu der Zeit hatte Johann Friedrich Kranz das Amt
inne – und als Dramaturg Christian August Vulpius. Die
Oberdirektion wurde 1797 in eine Hoftheater-Kommission
umgewandelt und um Johann Georg Leberecht von Luck als
Vertreter des Intendanten und wenig später um August von

Goethe, Goethes Sohn, als Assistenten erweitert. Von Luck war seit 1794 herzoglicher Hofmarschall und hatte schon im Liebhabertheater mit Goethe zusammengearbeitet. Das neue Hoftheater spielte vor allem in Weimar. Während des Sommers gab es regelmäßige Aufführungen in Lauchstädt, wo um 1805 die beiden Hallenser Studenten Wilhelm und Joseph von Eichendorff den Aufführungen gelegentlich zusahen und zuhörten. »Von nicht geringer Bedeutsamkeit«, heißt es bei Eichendorff, »war auch die Nähe von Lauchstädt, wo die Weimarschen Schauspieler während der Badesaison Vorstellungen gaben. [...] Die Komödienzettel kamen des Morgens schon, gleich Götterboten, nach Halle herüber, und wurden [...] beim ›Kuchenprofessor‹ eifrigst studiert. War nun eines jener literarischen Meteore oder ein Stück von Goethe oder Schiller angekündigt, so begann sofort eine wahre Völkerwanderung zu Pferde, zu Fuß, oder in einspännigen Kabrioletts. [...] In Lauchstädt selbst aber konnte man, wenn es sich glücklich fügte, Goethe und Schiller oft leibhaftig erblicken, als ob die olympischen Götter wieder unter den Sterblichen umherwandelten.« Hinzu kamen regelmäßige Gastspiele des Weimarer Theaters in Erfurt, Leipzig und Halle.

Das Hoftheater war unter Goethes Leitung ein Mehrspartentheater. Der Spielplan umfaßte Sprechtheater und Musiktheater in ihren verschiedenen Gattungen und in ausgeglichener Mischung. Von den insgesamt 601 Stücken, die in dieser Zeit inszeniert wurden, gehörten 114 dem Musiktheater an. Etwa ein Viertel der 4136 Spieltage waren der Oper und dem Singspiel gewidmet. Zu den 1084 Opernaufführungen kamen 255 Ballettabende. Das Verhältnis zwischen großer Oper, Opéra comique und Opera buffa war im ganzen ausgeglichen, während dem Singspiel norddeutscher und Wiener Prägung eindeutig ein Vorrang eingeräumt wurde. Fast die Hälfte der 114 Neuinszenierungen entfiel auf das leichte, unterhaltsame Singspiel, das zwar gern gehört, aber schnell verbraucht und vergessen war. Auch an der Anzahl der Komponisten, von denen Stücke in Weimar aufgeführt wurden, kann man die Gewichtung zwischen den einzelnen Gattungen des Musiktheaters ablesen. Während die Spielpläne zwischen 1791 und 1817 für das Singspiel 23 Namen angeben, sind es für die große Oper und die Opéra comique nur je 10 und für die Opera buffa 8 Komponisten. Die für diesen umfangreichen Opernbetrieb nötige Hofkapelle bestand anfangs aus 24, später aus 32 Hof- und Kammermusikern und wurde von eigens zu diesem Zweck angestellten Operndirigenten geleitet.

Der mit Abstand beliebteste Singspielkomponist war Karl Ditters von Dittersdorf. Im Rückblick aus dem Jahre 1808 erinnerte sich Goethe: »Dieser Art auf eine genügsame Weise sich zu vergnügen, gab Dittersdorf neue Nahrung. Personen aus dem gemeinen Leben, lebhafte Intrigen, allgemein faßlicher Gesang, verschafften seinen auf einem Privat-Theater entstandenen Opern einen allgemeinen Umlauf, und wer in Weimar mag sich nicht gerne des rothen Käppchens erinnern, mit dessen heiterer Erscheinung das jetzige Hoftheater eröffnet wurde.« (An Christian Gottlob Voigt, 9. Dezember 1808) Mit acht heiteren kleinen Spielopern war der Wiener vertreten, die es in Weimar zusammen auf 140 Vorstellungen brachten. Ihm gelang es erfolgreich, das norddeutsche Singspiel in der Art Hillers auf der musikalischen Basis der Wiener Klassik mit der italienischen Opera buffa zu verbinden. Favoriten waren in Weimar »Das rote Käppchen« (39 Aufführungen) sowie »Der Doktor und der Apotheker« und »Hieronymus Knicker« (je 34 Aufführungen). Daneben waren die Singspiele Wenzel Müllers sehr beliebt. Er war Kapellmeister am Wiener Theater in der Leopoldstadt und ein Schüler von Karl Ditters von Dittersdorf. Das Weimarer Hoftheater führte acht Stücke von ihm auf, unter denen es

»Die Saalnixe« auf 26 Aufführungen brachte. Zu diesen beiden beliebten Komponisten gesellte sich als dritter ebenfalls
ein Österreicher, der Dirigent an der Hofoper in Wien Joseph Weigl. Auch er war in Weimar mit acht Stücken vertreten, von denen »Die Schweizerfamilie« 17 Aufführungen erlebte. Weiter finden sich im Singspiel-Repertoire Namen wie
Johann Friedrich Reichardt (»Jery und Bätely« mit dem Text
von Goethe), Peter Winter, Friedrich Heinrich Himmel und
der des Mozart-Schülers und Vollenders des Mozartschen
Requiems Franz Xaver Süßmayr. Alle diese Komponisten
sind heute längst vergessen. Gelegentlich kann man im
Rundfunk noch die Ouvertüre zu Dittersdorfs »Doktor und
Apotheker« hören.

Im Genre der Opéra comique führte mit sieben Opern, die
80 Aufführungen erlebten, der Hauptvertreter dieser Gattung, der Pariser Nicolas d'Alayrac. Dreißigmal wurde seine
Oper »Adolphe et Clara« und zwanzigmal »Die Nacht im
Walde« gegeben. Dicht dahinter folgte Étienne Nicolas
Méhul, von dem in Weimar drei Opern in 50 Aufführungen
gespielt wurden, an der Spitze »Je toller je besser« mit 26 Vorstellungen. Die Favoriten aus dem reichen Angebot der
Opera buffa waren Giovanni Paisiello mit 6 Opern, unter denen »La Molinara« (»Die Müllerin«) sehr beliebt war, und
Domenico Cimarosa mit 4 Opern, an der Spitze »L'impresario in angustie« (»Der Impresario in Ängsten«) unter dem
deutschen Titel »Die theatralischen Abenteuer«, jeweils
beide insgesamt mit 58 Aufführungen, dicht gefolgt von Vincente Martin y Solar und Antonio Salieri. Auch diese Komponisten, außer Cimarosa und Salieri, sind heute nur noch
Opernspezialisten bekannt.

Die Sparte »Große Oper« brachte es während der Intendanz Goethes auf 421 Aufführungen, also auf fast ebenso
viele wie das leichte Singspiel (440 Aufführungen). Den
Spitzenplatz behauptete unangefochten Wolfgang Amadeus

Mozart. Seine großen Opern hatten den Hauptanteil im Spielplan und gehörten zum festen Repertoire. Die Reihe begann 1791 mit der Aufführung des Singspiels »Die Entführung aus dem Serail« und endete 1799 mit der Inszenierung von »La Clemenza di Tito« (»Titus«). Unter der Theaterleitung Goethes wurden in Weimar aufgeführt »Le Nozze di Figaro« 20mal, »Titus« 28mal, »Così fan tutte« 33mal, »Die Entführung aus dem Serail« 49mal, »Don Giovanni« 68mal und »Die Zauberflöte« sogar 82mal. Auf den nächsten Rängen folgten die 8 Opern von Ferdinando Paër, unter ihnen als beliebteste »Camilla«, mit 71 und die drei Opern Luigi Cherubinis mit 42 Aufführungen, wobei »Der Wasserträger« allein 26 Vorstellungen erlebte.

In welchem Umfang hat Goethe als Zuhörer und Zuschauer von diesem reichen Angebot seines Theaters Gebrauch gemacht? Seine Tagebücher und Briefe, die autobiographischen Schriften und die Gespräche zeigen, daß er regelmäßig das Theater besuchte, und zwar nicht nur dienstlich auf Grund seiner Stellung als Leiter der Hoftheater-Kommission, sondern auch aus ganz persönlichem Interesse an den Stücken, an den Darstellerinnen und Darstellern und, im Fall der Oper, an der Musik. Er ließ sich gern unterhalten und genoß besonders die Oper, trotz mancher Unzulänglichkeiten, die er gerade in dieser Sparte beobachten mußte: »Denn wenn ich auch unser Theater nur nehme wie es ist, so bleibt es doch schon ein großer Genuß fast alle acht Tage eine gute Musik zu hören, denn unsere Oper ist recht artig und die Vorstellungen derselben machen oft ein artiges Ganze.« (An Schiller, 7. März 1798)

Obwohl ihm das Sprechtheater und seine künstlerische Realisierung vor allem am Herzen lagen, ist die Anzahl der durch Tagebücher und Briefe belegten Besuche von Opern und Singspielen unerwartet hoch. Sein Favorit unter den Komponisten ist ganz eindeutig Mozart, gefolgt von Paër,

Cimarosa und Cherubini. Goethe hat die »Zauberflöte« und »Don Giovanni« im Laufe seines Lebens mindestens je zwölfmal gehört. Auch die anderen Mozart-Opern besuchte er erstaunlich oft: »Die Entführung aus dem Serail«, »Die Hochzeit des Figaro« und »Titus« je achtmal und »Così fan tutte« siebenmal. Cimarosas »Il matrimonio segreto« (Die heimliche Ehe) hat ihn in Weimar neunmal ins Theater ge-lockt, ebensooft wie Cherubinis »Wasserträger«. Von Paër hat ihm anscheinend besonders »Agnese« gefallen. Paisiellos Oper »Der Barbier von Sevilla«, die er schon in Italien ge-sehen hatte, hörte er auch in Weimar mehrmals. Er erlebte u. a. Opern von Spontini (»Die Vestalin«), Méhul (»Joseph in Ägypten«), Salieri (»Tarare«), Rossini (»Tancredi«, aber auch »Die Italienerin in Algier«, »Die diebische Elster« und »Der Barbier von Sevilla«), Ditters von Dittersdorf (»Dok-tor und Apotheker«), Gluck (»Iphigenie in Aulis«) und nicht zuletzt Beethovens »Fidelio«.

Von Mozart hatten es ihm zwei Werke besonders ange-tan. Im »Don Giovanni« sah er die von ihm erstrebte Sym-biose zwischen Opera seria und Opera buffa auf ideale Weise erfüllt. An Schiller schrieb er am 30. Dezember 1797: »Ihre Hoffnung die Sie von der Oper hatten würden Sie neulich in Don Juan auf einen hohen Grad erfüllt gesehen haben, dafür steht aber auch dieses Stück ganz isolirt und durch Mozarts Tod ist alle Aussicht auf etwas ähnliches vereitelt.« Zum »Don Giovanni« sind detaillierte Regie-anweisungen erhalten, vermutlich von Vulpius, die Goethe abgezeichnet hat. In der Art dieser Musik konnte er sich auch eine Vertonung seines »Faust« vorstellen. Als Ecker-mann der Hoffnung Ausdruck gab, daß es einmal zum »Faust« eine passende Musik geben werde, sagte Goethe: »Es ist ganz unmöglich. [...] Das Abstoßende, Widerwär-tige, Furchtbare, was sie stellenweise enthalten müßte, ist der Zeit zuwider. Die Musik müßte im Charakter des

›Don Juan‹ sein; Mozart hätte den Faust komponieren müssen.«

Die andere Mozart-Oper, die ihn begeisterte, war »Die Zauberflöte«. In Goethes Inszenierung fand am 16. Januar 1794 die Weimarer Premiere statt. Erhalten haben sich seine »Notizen bei Proben«. Diese erste wirklich große deutsche Oper faszinierte Goethe so sehr, daß er seinen Plan einer Fortsetzung des Textes von Schikaneder bis in den Anfang des 2. Aktes verwirklichte. Selbst die berechtigte Warnung Schillers vor diesem Vorhaben hielt ihn nicht davon ab. Das Werk blieb, weil sich kein geeigneter Komponist fand, leider Fragment. Veröffentlicht wurde es im Sommer 1801 im »Taschenbuch auf das Jahr 1802. Der Liebe und Freundschaft gewidmet«, das Friedrich Wilmans in Bremen herausgab.

Die meisten fremdsprachigen Opern und Singspiele wurden für das Weimarer Hoftheater vor allem in den ersten Jahren übersetzt und nach entsprechender Einrichtung in deutscher Sprache aufgeführt. Die Hauptarbeit auf diesem Feld leistete Christian August Vulpius. Der kluge, sprachkundige und außerordentlich fleißige Vulpius hatte sich seinen Lebensunterhalt zunächst mit kleinen trivialen Romanen und Erzählungen im Zeitgeschmack verdient, bevor er als erfolgreicher Dramaturg und Theaterdichter bei Joseph Bellomo mitwirkte. Goethe übernahm ihn nach der Gründung des Hoftheaters und fand in ihm einen tüchtigen Mitarbeiter, dem der Aufschwung des Weimarer Theaters zu einem nicht geringen Teil zu verdanken war. Seine Übersetzungen der Operntexte wirkten, wie Goethe in den Tag- und Jahres-Heften 1791 schreibt, über Weimar hinaus: »Einer Unzahl Italiänischer und Französischer Opern eilte man Deutschen Text unterzulegen, auch gar manchen schon vorhandenen zu besserer Singbarkeit umzuschreiben. Die Partituren wurden durch ganz Deutschland verschickt. Fleiß und Lust, die man hiebei aufgewendet, obgleich das Andenken völlig verschwunden sein mag, haben nicht wenig zur Verbesserung Deutscher Operntexte mitgewirkt.« In späteren Jahren, als sich das Niveau des Ensembles gehoben hatte, konnten einige italienische Opern in der Originalsprache aufgeführt werden. Unterstützt wurde dieses Bestreben durch die Gastspiele bekannter Sängerinnen und Sänger, die die italienische Sprache beherrschten.

Dennoch blieb eine solche Aufführung mit Schwierigkeiten und Mühen verbunden, wie die Einstudierung der Oper »Achille« von Ferdinando Paër zeigt. Am 22. Januar 1811 berichtete Goethe dem Diplomaten und vielseitig interessierten Carl Friedrich Graf von Reinhard, den er seit 1807 zu seinen engeren Freunden zählte: »Das etwas schwierige Unternehmen auf unserm Theater eine italiänische Oper zu geben, machte mir viel Mühe und kostete mir viel Zeit.« Für die Hauptrolle konnte auf Wunsch des Herzogs der europaweit bekannte und beliebte, aber auch kostspielige Tenor Antonio Brizzi gewonnen werden. In München engagiert, gab Brizzi an vielen Hoftheatern in Europa Gastspiele. Goethe hatte den Kontakt während eines Kuraufenthalts in Karlsbad hergestellt. Seine Wahl für Brizzis Gastspiel war auch deshalb auf diese Oper von Paër gefallen, weil der Sänger »in derselben den meisten Beyfall einzuärndten hofft. Er verpflichtet sich zu 4–6 Repräsentationen.« (An Carl August, 13. September 1810) Dem Vorschlag fügte er ein detailliertes Planungspapier mit einer entsprechenden Besetzungsliste für die übrigen Rollen bei. Allerdings war die Inszenierung von »Achille« trotz der intensiven Planung lange in Frage gestellt, und Goethe mußte am 4. Oktober 1810 sogar schon eine Absage an Brizzi schicken: »Zwar habe ich, mein werthester Herr Brizzi, am 26. September von Dresden aus Ihnen die Genehmigung meines gnädigsten Herrn, unsere Verabredung betreffend, gemeldet und hoffte das große Vergnügen zu haben, im November Ihre Bekanntschaft zu erneuern, und mich Ihres schönen Talents zu erfreuen. Allein, da ich nunmehr nach Hause komme, finde ich unser Theater in einem Zustande, daß die Aufführung der Oper Achille im November ganz und gar unmöglich wird.« Nur wenige Mitglieder des Weimarer Ensembles beherrschten die italienische Sprache in einer für eine zügige Arbeit notwendigen Geläufigkeit. Hier war offensichtlich viel Hilfe, viel Repetition und Übung nötig. Es ging dann aber doch voran, und am 22. Oktober wurde ein Eilbrief nach München geschickt, der die ursprüngliche Einladung erneut bekräftigte. Die Premiere fand am 28. November statt, und am 1. Dezember folgte eine erste Wiederholung. Aus seinem Brief an Marianne von Eybenberg, eine Bekannte aus Karlsbad, spricht Goethes Stolz auf sein Theater und auf seine Oper: »Die Oper Achille ist denn endlich sehr gut und glücklich aufgeführt worden; wir haben schon zwey Repräsentationen gehabt, welche die sämmtliche beywohnende Welt in Erstaunen gesetzt habe. jedermann ist entzückt, und Brizzi selbst versichert, nicht leicht ein solches Ensemble gefunden zu haben. Die Oper wird noch zweymal gegeben, und dann tritt er seine Rückreise nach München an.« Die genannten weiteren Aufführungen gingen am 15. und am 19. Dezember 1810 über die Bühne. Wie wichtig dem Intendanten Goethe diese Inszenierung in der Originalsprache war, geht auch aus seinen Aufzeichnungen in den »Tag- und Jahres-Heften« für das Jahr 1810 hervor: »Die Vorstellung der Oper Achill durch Brizzi in Italiänischer Sprache eröffnete gegen Ende des Jahrs ein neues Feld.« Im Jahr darauf gastierte Antonio Brizzi ein weiteres Mal in Weimar.

Die Fülle der Äußerungen Goethes zur Oper zeigt, wie wichtig ihm das Musiktheater war. Immer wieder finden sich Anmerkungen und ausführlichere Stellungnahmen zur Oper allgemein, zu einzelnen Stücken, zu Fragen der Inszenierung und musikalischen Gestaltung sowie zu Ausstattung und Besetzung. Während seiner Tätigkeit als Theaterleiter lag ihm von Anfang an daran, die Qualität der Opernaufführungen zu erhöhen. Im ganzen ist ihm das gelungen, auch wenn es Rückschläge und Enttäuschungen gab. Nicht zuletzt haben ihm manche Querelen mit dem Personal die Arbeit verleidet.

Am schwierigsten und folgenreichsten gestalteten sich die Auseinandersetzungen mit der Sängerin Jagemann. Caroline Henriette Friederike Jagemann wurde 1777 als Tochter des Italienkenners und Bibliothekars Anna Amalias, Christian Joseph Jagemann, in Weimar geboren. Schon in jungen Jahren bewunderte man ihre schöne Stimme, und so wurde sie mit Unterstützung der Herzoginmutter von 1791 bis 1796 am Mannheimer Nationaltheater bei August Iffland und Josepha Beck zur Schauspielerin und Opernsängerin ausgebildet. Ein Jahr später kehrte die zierliche Schauspielsängerin nach Weimar zurück und wurde von Goethe, der ihre Talente, aber auch ihre reizvolle Erscheinung außerordentlich schätzte, für das Hoftheater engagiert. Ihr Debüt gab sie am 18. Februar 1797 als Oberon in dem gleichnamigen Singspiel des Haydn-Schülers Paul Wranitzky. Der große Erfolg dieser Spieloper in Wien veranlaßte übrigens Emanuel Schikaneder, den Text zur »Zauberflöte« zu schreiben und Mozart mit ihrer Vertonung zu beauftragen. Caroline Jagemanns Schönheit, ihre angenehme Stimme und ihre schauspielerischen Fähigkeiten begeisterten das Publikum. Rasch wurde sie die überragende Primadonna des Hoftheaters. In den »Tag- und Jahres-Heften« schrieb Goethe für 1797: »Auch Caroline Jagemann indessen bildete sich immer mehr aus und erwarb sich zugleich im Schauspiel allen Beifall«, und für 1801: »Meine schöne und talentvolle Freundin

Dem[oiselle] Jagemann hatte kurz vor meiner Ankunft das
Publikum auf einen hohen Grad entzückt; Ehemänner ge-
dachten ihrer Vorzüge mit mehr Enthusiasmus als den
Frauen lieb war, und gleicherweise sah man eine erregbare
Jugend hingerissen.« Der Erfolg stieg ihr bald zu Kopf. Den
Bestrebungen Goethes, sie in das Ensemble zu integrieren,
widersetzte sie sich immer aufs neue und versuchte, durch
versteckte und offene Intrigen ihre Ziele durchzusetzen.
Dabei schonte sie weder den Leiter noch die Mitglieder der
Hoftheater-Kommission, noch ihre Kolleginnen und Kollegen. Prominentes Opfer der Jagemannschen Kabale wurde,
wie bereits ausgeführt, der tüchtige Hofkapellmeister Johann Friedrich Kranz, den Goethe 1801 auf ihr Betreiben
vom Dienst suspendierte. In der Rolle der Donna Anna aus
»Don Giovanni« hatte sie sich mit ihm über das richtige
Tempo einer Arie nicht einigen können und sang bei der
Aufführung schneller, als das Orchester spielte, was ihr
auch noch großen Beifall eintrug.

Das Verhältnis zwischen Goethe und Caroline Jagemann
gewann an Brisanz, als sie dem jahrelangen Werben Carl
Augusts nachgab und 1802 mit stillschweigender Zustimmung von Herzogin Louise seine Mätresse wurde, die ihm
im Laufe der Zeit drei Kinder gebar und 1809 in den Adels-
stand erhoben wurde. Als Frau von Heygendorf konnte sie
ihre Stellung bei Hofe und damit ihren Einfluß auf alles,
was das Hoftheater betraf, kräftig ausbauen. Goethe stand
nun zwischen ihr, deren Chef er eigentlich war, und seinem
Freund, dem Herzog. Als 1808 die Abteilung Oper vom
Schauspiel abgetrennt und der obersten Leitung Goethes
entzogen wurde, geschah das auf Drängen Caroline Jagemanns. Goethe blieb nichts anderes übrig, als zuzustim-
men, machte dann aber in umfangreichen Briefen und amtlichen Vorlagen an den Oberkammerpräsidenten Christian
Gottlob von Voigt, der das Amt eines Kabinettchefs im

CAROLINE JAGEMANN (1777–1848) ALS SAPPHO

Gemälde von Heinrich Kolbe, 1822
Stiftung Weimarer Klassik

Sängerin und Schauspielerin am Weimarer Theater,
seit 1802 Mätresse Herzog Carl Augusts,
1809 als Frau von Heygendorf geadelt;
als Sängerin und Schauspielerin von Goethe sehr geschätzt,
löste ihr Verhalten 1817 die Beendigung seiner Theaterleitung aus.

Herzogtum ausübte, Vorschläge für eine Neuordnung von Oper und Schauspiel. Goethe blieb weiterhin Leiter der Hoftheater-Kommission, sein künstlerischer Zuständigkeitsbereich erstreckte sich aber nur noch auf das Schauspiel. In der »kurzen Punctation«, die dem Schreiben an Voigt vom 11. Dezember 1808 beigefügt ist, heißt es im einzelnen:

Entschiedene und noch zu entscheidende Punkte, die neue Einrichtung des Theaters betreffend.

1) Ohne Serenissimi Vorwissen und Einwilligung wird kein Schauspieler noch Sänger angenommen oder entlassen.

2) Die Rechnungen werden vorgelegt.

3) Das Schauspiel wird von der Oper gesondert.

4) Genast erhält die Regie des Schauspiels, Becker der Oper.

5) Der Geheimrath von Goethe besorgt das Kunstfach beym Schauspiel allein und unbeschränkt. [...]

6) Wie es hiemit bey der Oper zu halten, ist in weitere Überlegung zu ziehen.

In einem anderen Schreiben an Voigt zwei Tage vorher hatte Goethe ausführlich die Entwicklung des Opernwesens seit dem Entstehen der Singspiele Hillers in Leipzig dargestellt, wohl auch, um Anregungen für die weitere Entwicklung zu geben. Die Sparte Oper wurde künftig von Caroline Jagemann zusammen mit ihrem Kollegen Carl Stromeyer geleitet. Die Spötter in Weimar sprachen respektlos von der »Kompagnie Jagemeier/Strohmann«.

Erneute Schwierigkeiten im Theaterbetrieb, vor allem in der Oper, veranlaßten Goethe am 24. Februar 1817 zu einem umfangreichen Bericht an den Hof: »Der Weimarischen Oper sowohl als dem Schauspiel fehlt es nicht an trefflichen

Elementen. Ja wir haben Aufführungen gesehen welche nichts zu wünschen übrig ließen. Leider gerieth die ganze wohl gegründete ja sogar wohl erhaltene Anstalt in der letzten Zeit in solch ein Stocken daß es endlich unerträglich werden mußte. Die vielfachen zusammentreffenden Ursachen würde unfreundlich seyn aufzuzählen, da vielleicht niemand der Theilnehmenden, von oben bis unten, ganz schuldlos an diesem Unheil war.« Er unterbreitete detaillierte Vorschläge, wie die Lage verändert werden könnte. Doch dazu sollte es unter seiner Leitung nicht mehr kommen.

Eine neue Auseinandersetzung mit Caroline Jagemann beendete die Ära der Goetheschen Intendanz. Am 12. April 1817 setzte sie gegen den Willen und energischen Widerstand Goethes durch, daß in dem Stück »Der Hund des Herrn Aubry«, einem Singspiel des Wieners Ignaz Xaver Seyfried, ein dressierter Pudel auf der Bühne erschien. Seyfried, ein fleißiger Schreiber von Singspielen, war übrigens der Dirigent bei der Wiener Uraufführung von Beethovens »Fidelio« im Jahre 1805 gewesen. Nun war das Maß voll. Goethe bat, ihn von seinen Aufgaben als Theaterleiter zu entbinden, was am Tag darauf erfolgte. Diese Entscheidung kam ihm letztlich zupaß, war er doch inzwischen amtsmüde und von anderen Gegenständen in Anspruch genommen. Seine Amtszeit endete, als auf dem Gebiet der Oper auch in Weimar eine neue Zeit anbrach. Am 25. September 1816 war dort zum erstenmal »Fidelio« aufgeführt worden, eine Oper, die sich so ganz von allen bisherigen unterschied, wie Goethe mit Staunen wahrnahm.

Auch nach 1817 besuchte Goethe regelmäßig das Theater und besonders die Opernaufführungen. Erst ab 1821 gingen, wie die Tagebücher zeigen, die regelmäßigen Opernbesuche zurück. Sein letzter Besuch galt wahrscheinlich einer Oper von Daniel François Esprit Auber, in der sein Sohn mitwirkte. Im Tagebuch heißt es am 29. November 1829: »Abends die Stumme von Portici. Mein Sohn referierte im Zwischenact.« Die letzten Opernmelodien, die er hörte, waren von Mozart. Sechs Tage vor seinem Tode vermerkt das Tagbuch: »Walther [Goethes Enkel] aus dem Don Juan zurückkehrend und die Melodien nachsingend.«

Wie musikalisch war Goethe?

»Übrigens lebe ich in keiner musikalischen Sphäre«, schrieb Goethe am 29. Mai 1801 mit leichter Resignation an Zelter, »wir reproduciren das ganze Jahr bald diese bald jene Musik, aber wo keine Production ist kann eine Kunst nicht lebendig empfunden werden.« Obwohl fast täglich von Musik umgeben, war er unzufrieden mit seiner Art, sie zu erleben, und empfand es offenbar als Mangel, daß er auf diesem Felde nicht produzierend tätig sein konnte. Die »musikalische Sphäre« erfüllte sich ihm erst im künstlerischen Schaffen, das ihm hier nicht möglich war. Zwar sind Noten von ihm erhalten, doch sind es Abschriften von Liedern und Tonleitern sowie Notizen zu musiktheoretischen Überlegungen.

Ohne Zweifel besaß Goethe ein starkes Empfinden für Melodie und Harmonie, für Rhythmus und Klang, für den musikalischen Ausdruck. Als aktiver Hörer hat er an den meisten musikalischen Ereignissen in seinem Umkreis teilgenommen. Musik war ihm ein tägliches Bedürfnis. In jeder Phase seines Lebens suchte er auf neue Weise die Begegnung mit dieser Kunst, durch Teilnahme an Konzerten, den Besuch der Oper, durch Kontakte zu Musikern, Sängerinnen und Sängern, Komponisten, ja durch die Gründung einer eigenen »Hauskapelle«. Der Plan zu einer Tonlehre und die briefliche Diskussion mit Zelter über die Entstehung von Dur und Moll zeigen zudem, daß ihm die Musik nicht nur Inhalt seines Erlebens, sondern auch Gegenstand des Nachdenkens war. Wenn man all das überblickt, kann

man über die Fülle und Breite seiner Musikerlebnisse und
über sein weiterführendes Interesse nur erstaunt sein.

Eins unterscheidet Goethes Musikerleben von dem eines
durchschnittlichen Musikinteressierten und Konzertbesu-
chers von heute. Während in unseren Konzerten die Musik
der vergangenen Jahrhunderte Vorrang hat und zeitgenössische Werke, wenn sie im Programm erscheinen, häufig noch
immer auf Vorbehalte stoßen, hat Goethe bei Hausmusi-
ken, in Konzerten oder in der Oper vorwiegend Musik seiner Zeit gehört. Im Spielplan des Weimarer Hoftheaters
fehlten durchweg die Opern der vorangegangenen musikalischen Epoche des Barock, etwa eines Monteverdi, Schütz
oder Händel. Was ihm auf dem Klavier vom Badeinspektor
Schütz, der Szymanowska, Hummel und anderen vorgespielt wurde, ging nur selten auf die Musik vor Bach und
Händel zurück. Selbst Antonio Vivaldi und Georg Philipp
Telemann, zwei andere große Barockmeister, werden in
diesem Zusammenhang nirgends erwähnt. Und auch bei
den Veranstaltungen von Anna Amalias Musenhof oder in
Goethes eigener »Hauskapelle« wurden fast ausnahmslos
Kompositionen zeitgenössischer Musiker eingeübt und dargeboten. Lediglich während seines Italienaufenthalts gewann er im Umkreis der vatikanischen Musik einen Zugang
zu den barocken geistlichen Werken eines Palestrina oder
Marcello. Von der Vokalmusik der Renaissance und dem
reichen Œuvre der barocken Orchester- und Kammermusik aber hat er vermutlich kaum etwas gehört. Unser
modernes Konzertleben mit seinem Drang, die Werke der
Vergangenheit durch immer neue Interpretationen zu bewahren oder lebendig zu halten, setzte erst im Laufe des
19. Jahrhunderts mit dem Aufkommen des historischen
Denkens ein. Einen bürgerlichen Konzertbetrieb mit regelmäßigen Veranstaltungen und Abonnements, wie er zuerst
in der zweiten Hälfte des 18. Jahrhunderts in Leipzig und

bald auch in den anderen großen Städten und Residenzen aufkam, kannte man im Weimar Goethes nicht. Die museale Komponente, das Wiederaufführen der Musik vergangener Jahrhunderte, war dem damaligen Publikum noch weitgehend unbekannt.

In Goethes Lebenszeit fiel eine musikalische Epoche, in der die Symphonie und das große Instrumentalkonzert in den Kompositionen Haydns, Mozarts und Beethovens einen ersten Höhepunkt erreichten. Sie waren der Grund für eine Entwicklung, die im 19. Jahrhundert zu den großen Orchesterwerken der Romantik und Spätromantik führte. Auch die Kammermusik entfaltete in dieser Zeit einen Reichtum, der sich in der Erweiterung der musikalischen Formen für das kleine Ensemble und das Soloinstrument wie in einem reichen Œuvre für Streichquartett, Klaviertrio und immer neue kammermusikalische Besetzungen äußerte. Von dem, was sich während seiner Lebenszeit etwa durch Bachs Söhne und die »Mannheimer Schule« in der Instrumentalmusik entwickelte und in der Wiener Klassik weitergeführt wurde, hat Goethe nur wenig wahrgenommen. Während wir in bezug auf Lied und Gesang, Oper und Oratorium wissen, in welcher Breite und Regelmäßigkeit er am Musikleben seiner Zeit teilgenommen hat, gibt es keine Hinweise, daß er regelmäßig und gezielt reine Orchesterwerke, Instrumentalkonzerte und Kammermusik gehört hätte. Seine Affinität zur textfreien Instrumentalmusik war nicht sehr groß, besonders wenn sie für ein größeres Ensemble geschrieben war. Nach dem Konzert Paganinis in Weimar äußerte er gegenüber Zelter: »Wär' ich in Berlin so würde ich die Möserischen Quartettabende [durch den Berliner Konzertmeister Carl Moeser seit 1813 veranstaltet] selten versäumen. Dieser Art Exhibitionen waren mir von jeher von der Instrumental Musik das Verständlichste, man hört vier vernünftige Leute sich untereinander unterhalten, glaubt ihren Diskursen etwas abzugewinnen und die Eigentümlichkeiten der Instrumente kennen zu lernen.« (9. November 1829) Nur gelegentlich erwähnt er die Teilnahme an kammermusikalischen Veranstaltungen bei Hofe oder ein entsprechendes Konzert in seinem Haus. Lediglich die Klaviermusik seiner Zeit wurde ihm durch das Vorspielen seiner musikalischen Freunde und Bekannten in einer gewissen Breite zugänglich.

Goethe war aber in musikalischen Fragen und im Genuß der Musik nicht nur Empfangender. Die Musikalität seiner Gedichte, ihre sprachliche Melodik und lebendige Rhythmik, hat zahlreiche Komponisten bis in die jüngste Zeit zu Vertonungen veranlaßt. Bei Gero von Wilpert findet sich die Feststellung, daß etwa 2000 Komponisten »aller Rangstufen vom Dilettanten bis zum Meister« Texte von Goethe vertont haben, ganz abgesehen von denen, die sich durch seine Worte zu Instrumentalkompositionen haben anregen lassen. Die Reihe der Liedkomponisten reicht von Bernhard Theodor Breitkopf über Wolfgang Amadeus Mozart und Franz Schubert bis zu Gustav Mahler, Ottmar Schoeck, Richard Strauss und Ernst Křenek im 20. Jahrhundert. An der Spitze stehen Johann Friedrich Reichardt mit 146 Kompositionen, Carl Friedrich Zelter (92 Vertonungen) und Franz Schubert (69 Lieder in 96 Vertonungen). Das am häufigsten vertonte Gedicht ist das »Heidenröslein«. Unter den etwa 200 Vertonungen dieses Liedes sind die bekanntesten die von Heinz Werner mit der allgemein geläufigen, 1828 entstandenen volkstümlichen Melodie und die von Franz Schubert. Aber auch die Vertonungen von Reichardt, Heinrich Marschner, Robert Schumann und Johannes Brahms, ja sogar die von Franz Lehár aus seiner Operette »Friederike« kann man gelegentlich hören. Als Beispiele für eine durch Goethes Texte angeregte Orchestermusik seien die Ouvertüren »Meeresstille und Glückliche Fahrt« von

Felix Mendelssohn Bartholdy und »Hermann und Doro-
thea« von Robert Schumann, die »Faustsymphonie« und die
sinfonische Dichtung »Tasso« von Franz Liszt sowie »Der
Zauberlehrling« von Paul Dukas genannt. Auch die Oper
hat von Goethes Schaffen profitiert. Noch immer finden
sich auf unseren Spielplänen »Mignon« von Ambroise Thomas nach »Wilhelm Meisters Lehrjahren«, »Werther« von
Jules Massenet und die Faust-Vertonungen von Charles
Gounod (»Margarethe«) und Arrigo Boito (»Mefistofele«).
Die erste Vertonung des Faust-Stoffes nach dem Goetheschen Text stammt von Ignaz Walter aus dem Jahre 1797.
Bis ins 20. Jahrhundert hinein versuchten sich mehr als
zwanzig Komponisten mit unterschiedlichem Erfolg an
diesem Sujet.

Umgekehrt haben aber auch die so entstandenen Lieder
auf den Dichter zurückgewirkt, wie er Zelter am 26. August
1799 bekannte: »Denn wenn meine Lieder Sie zu Melodien
veranlaßten, so kann ich wohl sagen daß Ihre Melodien
mich zu manchem Liede aufgeweckt haben und ich würde
gewiß wenn wir näher zusammen lebten öfter als jetzt mich
zur lyrischen Stimmung erhoben fühlen.« Musik hat ihn
aber nicht nur in »lyrische Stimmung« versetzt und zu vielen Liedern angeregt. In zahlreichen Gedichten und in fast
allen wichtigen Prosawerken hat Goethe die Musik selbst
zum Thema gemacht. Werthers Eindruck von Lotte wird
entscheidend durch ihr Klavierspiel und ihren Gesang geprägt: »Sie hat eine Melodie, die sie auf dem Klaviere spielet
mit der Kraft eines Engels, so simpel und so geistvoll! Es
ist ihr Leiblied und mich stellt es von aller Pein, Verwirrung
und Grillen her, wenn sie nur die erste Note davon greift.
Kein Wort von der alten Zauberkraft der Musik ist mir un-
wahrscheinlich, wie mich der einfache Gesang angreift!
Und wie sie ihn anzubringen weiß, oft zur Zeit, wo ich mir
eine Kugel vor den Kopf schießen möchte!« In den »Wahl-

verwandtschaften« werden die sich anbahnenden Verwick-
lungen auch durch das gemeinsame Musizieren gefördert.
Eduard fordert seinen Hausgast, den Hauptmann, auf,
»seine Violine hervorzunehmen und Charlotten auf dem
Klavier zu begleiten. Der Hauptmann konnte dem allgemeinen Verlangen nicht widerstehen, und so führten beide
mit Empfindung, Behagen und Freiheit eins der schwersten
Musikstücke zusammen auf, daß es ihnen und dem zuhörenden Paar zum größten Vergnügen gereichte.« Im Roman »Wilhelm Meisters Lehrjahre« äußert sich an vielen
Stellen Goethes Einstellung zur Musik und zum Gesang,
und grundlegende programmatische Bedeutung hat diese
Kunst in »Wilhelm Meisters Wanderjahren«. Hier ist im Erziehungsprogramm der Gesellschaft vom Turm die Musik
bestimmendes Element der ästhetischen Formung des
Menschen. In den großen Dramen ist sie ihm wichtiges dra-
maturgisches Instrument. Nicht nur daß die Handlung oft
durch ein Lied unterbrochen oder gefördert wird, außerordentlich häufig fordert er in den Regieanweisungen Musik.

Die ersten Jahrzehnte des 19. Jahrhunderts waren eine
Zeit des Übergangs. »Das dunkel Geheimnisvolle, das Ge-
spaltene, das Unbegrenzte, das Extreme, das Phantastische,
das fließend Übergehende wird dominierend gegen das Ge-
faßte, Klare, Begrenzte, Helle der Klassik« (Thomas Nipperdey). Dieser Umbruch trat in besonderer Weise in der
Literatur zutage und erfaßte das ganze geistige Leben in
Deutschland. Goethe nahm diesen Wandel hin zum Phanta-
stisch-Geheimnisvollen, zu verstärkter Emotionalität und
Expressivität auch im Musikalischen durchaus wahr. Die
Liedvertonungen und die Oper entfalteten eine Klangwelt,
die seinen Vorstellungen und Hörgewohnheiten nicht mehr
entsprach. Beethovens »Fidelio« und Webers Opern, vor allem der »Freischütz«, die nicht mehr Goethes uneinge-
schränktes Wohlgefallen fanden, markieren etwa diesen

Einschnitt. Die neuen Klänge, aber auch die Libretti waren ihm zu gefühlvoll und rührten an sein Innerstes. Von einer entsprechenden Reaktion Goethes auf die Musik Webers während eines sommerlichen Musikabends am 24. Juni 1826 berichtet der Weimarer Kanzler Friedrich von Müller: »Herrlicher Sommerabend! Ich war im Garten bei Goethe. Die Stadtmusici spielten trefflich auf. Der neue Arzt Vogel, Riemer und Coudray waren da, später der Sohn und die Frau Oberkammerherrin. Als ›einsam bin ich, nicht alleine‹ aus Preciosa von Weber gespielt wurde, war Goethe höchst unzufrieden: ›Solche weichliche, sentimentale Melodien deprimieren mich; ich bedarf kräftiger, frischer Töne, mich zusammen zu raffen, zu sammeln. Napoleon, der ein Tyrann war, soll sanfte Musik geliebt haben; ich vermuthlich, weil ich kein Tyrann bin, liebe die rauschenden, lebhaften, heitern. Der Mensch sehnt sich ewig nach dem, was er nicht ist.‹«

Was ihm an den neuen Tendenzen mißfiel, waren die subjektiven Ausdrucksformen und die in seiner Auffassung übersteigerte Emotionalität auch in der Musik. »Es ist ferner kein Ernst da, der ins Ganze geht, kein Sinn dem Ganzen etwas zu Liebe zu tun, sondern man trachtet nur, wie man sein eigenes Selbst bemerklich mache und es vor der Welt zu möglichster Evidenz bringe. – Dieses falsche Bestreben zeigt sich überall, und man tut es den neuesten Virtuosen nach, die nicht sowohl solche Stücke zu ihrem Vortrage wählen, woran die Zuhörer reinen musikalischen Genuß haben, als vielmehr solche, worin der Spielende seine erlangte Fertigkeit könne bewundern lassen. Überall ist es das Individuum, das sich herrlich zeigen will, und nirgends trifft man auf ein redliches Streben, das dem Ganzen und der Sache zu Liebe sein eigenes Selbst zurücksetzte.« (Zu Eckermann, 20. April 1825)

Eine sittliche Wirkung auf den Menschen erwartete

Goethe von der Musik nicht. »Die Musik aber, so wenig als irgendeine Kunst, vermag auf Moralität zu wirken«, heißt es in der »Nachlese zu Aristoteles' Poetik«, »und immer ist es falsch, wenn man solche Leistungen von ihnen verlangt. Philosophie und Religion vermögen dies allein.« Musik war ihm wesentliches Ausdrucksmittel, und in diesem Sinne stellte er sie in der Skizze »Physische Wirkungen« neben die Sprache als die beiden höchsten Lebensäußerungen des Menschen: »Wäre die Sprache nicht unstreitig das Höchste was wir haben, so würde ich Musik noch höher als Sprache und also ganz zu oberst setzen.« In ihr sah Goethe die Kunst, die den Menschen am ehesten unmittelbar erreicht. »Die Würde der Kunst erscheint bei der Musik vielleicht am eminentesten«, heißt es in den »Maximen und Reflexionen«, »weil sie keinen Stoff hat, der abgerechnet werden müßte. Sie ist ganz Form und Gehalt und erhöht und veredelt alles, was sie ausdrückt.«

Anhang

Nachbemerkung

Die vorliegende Untersuchung über Goethes Verhältnis zur Musik und sein musikalisches Tun und Erleben ist auf der Grundlage eines im August 1999 gesendeten Features »Goethe und die Musik« in der Sendereihe Klassik-Panorama des Norddeutschen Rundfunks entstanden. Die im Zusammenhang damit zutage geförderte Fülle des Materials verlangte geradezu nach einer erweiterten Darstellung dieses Aspekts in Goethes Leben.

Daß ich mich schließlich auf diese Arbeit eingelassen habe, verdanke ich meiner Frau, die mir Mut gemacht hat, das Thema in seiner ganzen Breite anzugehen und der Fülle der Goethe-Literatur eine weitere Publikation hinzuzufügen, und die während der Textherstellung immer wieder mit vielen Anregungen die Arbeit befördert hat. Ihr sei deshalb dieses Büchlein gewidmet. Zu großem Dank verpflichtet bin ich meiner Lektorin, Frau Magdalena Frank. Sie hat das Manuskript mit Sorgfalt und Einfühlungsvermögen bearbeitet und durch ihre Vorschläge zur Bereicherung des Textes beigetragen. Ihre kritische Einschätzung war stets mit freundlichem Zuspruch gepaart, was die Arbeit in besonderer Weise gefördert hat.

Die angeführten Zitate sind bis auf wenige Ausnahmen den Originalquellen entnommen. Wo es möglich war, sind Datierungen angegeben. Ebenso wurden, wenn es sich um Briefe handelt, Schreiber oder Adressat und bei Gesprächen der jeweilige Partner genannt.

Ich hoffe, daß die vorliegende Untersuchung den Goethe-

Freund und den Musikliebhaber gleichermaßen anspricht,
dem Musikleben der Goethe-Zeit eine Kontur gibt und das
gängige Bild des Dichters um einen bisher eher vernachläs-
sigten Aspekt bereichert.

Udo Quak

Literatur

Baumgartner, Alfred: Der Große Musikführer – Musikgeschichte in Werkdarstellungen, Band 1–5. Kiesel Verlag, o. O. 1981–1985

Beutler, Ernst: Essays um Goethe. Insel Verlag, Frankfurt/Main 1995

Biedrzynski, Effi: Goethes Weimar – Das Lexikon der Personen und Schauplätze. Artemis Verlag, Zürich ²1993

Blechschmidt, Karl: Goethe in seinen Beziehungen zur Oper. Diss. Frankfurt/Main 1937

Boyle, Nicholas: Goethe – Der Dichter in seiner Zeit. Band I: 1749–1790. Verlag C. H. Beck, München ²1999; Band II: 1790–1803. Verlag C. H. Beck, München 1999

Burkhardt, C. A. H.: Das Repertoire des Weimarischen Theaters unter Goethes Leitung 1791–1817. Hamburg und Leipzig 1891

Busch-Salmen, Gabriele / Salmen, Walter / Michel, Christoph: Der Weimarer Musenhof. Literatur, Musik und Tanz, Gartenkunst, Geselligkeit, Malerei. Verlag J. B. Metzler, Stuttgart 1998

Canisius, Claus: Goethe und die Musik. Piper Verlag, München 1998.

Conrady, Karl Otto: Goethe – Leben und Werk. Artemis & Winkler Verlag, München 1994

Damm, Sigrid: Christiane und Goethe. Eine Recherche. Insel Verlag, Frankfurt/Main ²1998

Eichendorff, Joseph von: Werke. Band 1–4. Winkler Verlag, München 1970

Fath, Rolf: Reclams Opernlexikon. Verlag Philipp Reclam jun., Stuttgart 1989

Franck, Hans: Tokkata und Fuge. Das Leben des Johann Sebastian Bach. Amalthea Verlag, Wien 1980

Goethe, Johann Wolfgang von: Briefe aus Italien 1786–1788. Hrsg. von Peter Goldammer. Verlag C. H. Beck, München 1982

Goethe, Johann Wolfgang von: Sämtliche Werke nach Epochen seines Schaffens. Band 1–21 (Münchener Ausgabe). Hrsg. von Karl Richter u. a. Carl Hanser Verlag, München 1985 ff.

Goethe, Johann Wolfgang von: Briefe – Tagebücher – Gespräche. Digitale Bibliothek, Band 10 (auf CD-ROM) (Briefe und Tagebücher nach: Sämtliche Werke, hrsg. im Auftrage der Großherzogin Sophie von Sachsen, Weimar 1887–1919 [Weimarer Ausgabe]; Gespräche nach Biedermann, W. von: Goethe in Gesprächen, 1889 ff.). Direct Media, Berlin 1998

Goethe, Johann Wolfgang von: Sämtliche Werke. Band 1–17 (Artemis-Gedenkausgabe als Taschenbuchausgabe). München 1977. Artemis Verlag, München 1950

Goethe, Johann Wolfgang von: Tagebücher. Ergänzungsband zur Artemis-Gedenkausgabe. Artemis Verlag, Zürich 1964

Ipser, Karl: Mit Goethe im Elsaß. Ein Student macht Geschichte. Türmer-Verlag, Berg 1988

Korrodi, Eduard (Hg.): Goethe im Gespräch. Manesse Verlag, Zürich 1944

Mandelkow, Karl Robert (Hg.): Goethes Briefe und Briefe an Goethe. Band 1–6 (Hamburger Ausgabe). Verlag C. H. Beck, München 41988

Moser, Hans Joachim: Goethe und die Musik. Leipzig 1949

Nipperdey, Thomas: Deutsche Geschichte 1800–1866. Bürgerwelt und starker Staat. Verlag C. H. Beck, München 21984

Orel, Alfred: Goethe als Operndirektor. Eugen Russ Verlag, Bregenz 1949

Otto, Regine / Witte, Bernd (Hg.): Goethe Handbuch, Band 1–4. Verlag J. B. Metzler, Stuttgart 1996 ff.

Pfister, Werner (Hg.): Briefwechsel Goethe – Zelter (Auswahl). Artemis Verlag, Zürich 1987

Schleuning, Peter: Das 18. Jahrhundert: Der Bürger erhebt sich. Rowohlt Verlag, Reinbek 1989

Seehafer, Klaus: Mein Leben ein einzig Abenteuer. Johann Wolfgang Goethe. Biografie. Aufbau-Verlag, Berlin 1998

Steegmann, Monika / Rieger, Eva: Frauen mit Flügel. Insel Verlag, Frankfurt/Main 1996

Walwei-Wiegelmann, Hedwig (Hg.): Goethes Gedanken über Musik. Insel Verlag, Frankfurt/Main 1985

Wilpert, Gero von: Goethe-Lexikon. Alfred Kröner Verlag, Stuttgart 1998

Wolff, Christoph: Johann Sebastian Bach. S. Fischer Verlag, Frankfurt/Main 2000

Register

Karl August Böttiger
Literarische Zustände
und Zeitgenossen

Begegnungen und Gespräche
im klassischen Weimar

Herausgegeben von Klaus Gerlach und René Sternke
601 Seiten. Gebunden
ISBN 3-351-02829-6

»Was man doch alles ausgraben kann, wenn man in der richtigen Richtung gräbt. Karl August Böttiger, ein Gymnasialdirektor, war den Heroen des klassischen Weimar von Goethe über Herder bis zu Schiller und Wieland immer wieder auf die Nerven gefallen, er beobachtete den literarischen Klatsch der Epoche und hielt mitleidlos fest, was er sah und hörte. Nach zwei Jahrhunderten liest man mit Vergnügen, was Goethe über Herder sagte und wie Schiller auf Wieland reagierte.«

Wolf Jobst Siedler

»Karl August Böttigers Augenzeugenberichte aus dem klassischen Weimar sind eine Fundgrube herrlich respektloser Details über Goethe, Herder, Wieland & Co.: Fabelhaft! Nicht nur amüsant, sondern auch belehrend.«

Marcel Reich-Ranicki

Aufbau-Verlag

Literarische Spaziergänge
mit Büchern und Autoren

Das Kundenmagazin der Aufbau-Verlagsgruppe
Kostenlos in Ihrer Buchhandlung

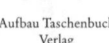

Aufbau-Verlag   Rütten & Loening   Aufbau Taschenbuch   Gustav   Der >Audio< Verlag
Verlag   Kiepenheuer

Oder direkt: Aufbau-Verlag, Postfach 193, 10105 Berlin
e-Mail: marketing@aufbau-verlag.de
www.aufbau-verlag.de